高等院校"十三五"规划教材——经济管理系列

会计综合模拟仿真实训

主　编　蔡维灿　林克明　陈由辉

副主编　巫圣义　吴雪茹　罗春梅
　　　　姜媚珍　王朝晖

清华大学出版社
北京

内 容 简 介

本书是以中小型工业企业为实训背景，使用一套既适用于手工核算又适用于电算操作的同一会计主体、同一会计期间的会计综合模拟仿真实训资料。模拟仿真实训过程分手工操作技能实训和电算操作技能实训两个环节：第一环节，通过手工方式综合实训，包括完成从建账、原始单据审核、记账凭证填制、会计报表编制等环节的会计账务处理；第二环节，通过电算化方式综合实训，包括运用用友会计软件和金蝶会计软件，分别完成电算化会计账务处理。全书突出仿真性、体现岗位性，并注重实用性、操作性和前瞻性。

本书适用于高等学校会计、财务管理、审计等专业学生的校内会计综合模拟实训教学，也可作为企业会计人员及院校会计教师的参考用书。

本书封面贴有清华大学出版社防伪标签，无标签者不得销售。
版权所有，侵权必究。举报: 010-62782989, beiqinquan@tup.tsinghua.edu.cn。

图书在版编目(CIP)数据

会计综合模拟仿真实训/蔡维灿，林克明，陈由辉主编. —北京：清华大学出版社，2019（2025.2重印）
(高等院校"十三五"规划教材——经济管理系列)
ISBN 978-7-302-52198-3

Ⅰ.①会… Ⅱ.①蔡… ②林… ③陈… Ⅲ.①会计学—高等学校—教材 Ⅳ.①F230

中国版本图书馆 CIP 数据核字(2019)第 013076 号

责任编辑：汤涌涛
装帧设计：刘孝琼
责任校对：周剑云
责任印制：宋　林

出版发行：清华大学出版社
网　　址：https://www.tup.com.cn，https://www.wqxuetang.com
地　　址：北京清华大学学研大厦 A 座　　邮　编：100084
社 总 机：010-83470000　　邮　购：010-62786544
投稿与读者服务：010-62776969, c-service@tup.tsinghua.edu.cn
质量反馈：010-62772015, zhiliang@tup.tsinghua.edu.cn
课件下载：https://www.tup.com.cn, 010-62791865

印 装 者：三河市科茂嘉荣印务有限公司
经　　销：全国新华书店
开　　本：185mm×260mm　　印　张：29.25　　字　数：427 千字
版　　次：2019 年 3 月第 1 版　　印　次：2025 年 2 月第 6 次印刷
定　　价：59.00 元

产品编号：081429-01

前　言

　　会计综合实训课程是高等院校财务会计类专业实践教学课程体系的重要组成部分。推进会计综合实训课程改革，创新会计实践教学模式，是培养学生职业能力和职业素养的有效途径之一。会计综合实训是财务会计类专业学生在毕业前开设的一门综合性实训课程，主要是将会计学基础、财务会计、成本会计、电算会计、财务管理、税法等相关课程知识融合起来，并将理论知识运用于实践的模拟仿真实践教学活动，旨在培养学生在职业岗位上综合运用专业理论知识实施手工记账的能力和应用会计软件处理经济业务的能力。手工与电算相融合模式是指针对同一会计主体、同一会计期间的会计实训资料，分别采用手工记账与电算化两种方式进行会计账务处理，并比较会计处理结果是否一致的会计实训模式。

　　本书是以中小型工业企业为实训背景，使用一套既适用于手工核算又适合于电算操作的同一会计主体、同一会计期间的会计综合模拟仿真实训资料。会计综合模拟仿真实训资料包括手工操作技能和电算操作技能两个基本模块；模拟仿真实训过程分手工操作技能实训和电算操作技能实训两个环节。第一环节，通过手工方式综合实训，学生完成从建账、原始单据审核、记账凭证填制、会计报表编制等环节的会计账务处理；第二环节，通过电算化方式综合实训，学生运用用友会计软件和金蝶会计软件，分别完成电算化会计账务处理。全书突出仿真性、体现岗位性，并注重实用性、操作性和前瞻性。

　　本书由蔡维灿教授、林克明高级会计师、陈由辉注册会计师担任主编，巫圣义高级会计师、吴雪茹会计师、罗春梅高级会计师、姜媚珍高级会计师和王朝晖会计师担任副主编。具体分工：蔡维灿执笔实训一、实训二、实训三、原始凭证(业务1~15)，林克明执笔实训七、原始凭证(业务23~32)，陈由辉执笔实训四、实训五、原始凭证(业务33~58)，巫圣义执笔原始凭证(业务59~76)，罗春梅执笔原始凭证(业务77~104)，吴雪茹执笔实训六、原始凭证(业务16~22)，姜媚珍执笔原始凭证(业务105~114)，王朝晖执笔原始凭证(业务115~135)。全书由蔡维灿、林克明、陈由辉和巫圣义总纂定稿。

　　基金项目：本书是2017年福建省中青年教师教育科研社科类项目——现代企业经营VR环境下的会计综合实训平台创建与应用(编号：JAS171135)阶段性研究成果；是2017年三明市社科规划立项课题——现代企业经营VR环境下的会计综合实训平台创建与应用(编号：Z1706)阶段性研究成果。

　　本书适用于高等学校会计、财务管理、审计等专业学生的校内会计综合模拟实训教学，也可作为企业会计人员及院校会计教师的参考用书。

　　本书在编写过程中参考了大量的相关著作、网络资料、教材和文献，吸取和借鉴了同行的相关成果，在此谨向有关作者表示诚挚的谢意和敬意！本书部分原始凭证参考了厦门网中网软件有限公司会计账套系统，在此特别表示诚挚的谢意！

　　限于编者水平，书中难免有不妥和疏漏之处，敬请读者批评指正。

编　者

目　　录

教学资源服务

实训一	实训基础	1
	一、实训目的	2
	二、实训要求	2
	三、实训前的准备工作	3
	四、实训评分标准	3
实训二	企业认知	5
	一、公司简介	6
	二、公司组织结构	6
	三、公司制造工艺流程	7
实训三	企业会计机构与会计制度	9
	一、会计部门设置	10
	二、企业会计制度	10
实训四	企业期初财务数据	15
	一、企业2018年1～11月科目余额表	16
	二、期初账簿的建立	27
实训五	手工会计业务处理	29
	一、经济业务处理	30
	二、纳税申报	35
	三、报表编制	39
	四、财务会计指标分析	45
实训六	信息化会计业务处理	47
	一、实训目的	48
	二、账套期初数据	48
	三、用友财务软件的应用	61
	四、金蝶财务软件的应用	89
实训七	会计档案的整理与归档	91
	一、会计档案的整理与归档	92
	二、会计档案的保管期限	92
附件：原始凭证		93
参考文献		459

实训一

实训基础

一、实训目的

会计综合实训是指财务会计类专业学生在毕业前开设的一门综合性实训课程，主要是将会计学基础、财务会计、成本会计、电算会计、财务管理、税法等相关课程知识融合起来，并将理论知识运用于实践的模拟仿真实践教学活动，以培养学生在职业岗位上综合运用专业理论知识，实施手工记账的能力和应用会计软件处理经济业务的能力。手工与电算相融合模式是指针对同一会计主体、同一会计期间的会计实训资料，分别采用手工记账与电算化两种手段进行会计账务处理，并比较会计处理结果是否一致的会计实训模式。具体包括以下内容。

(1) 熟悉模拟企业的业务内容与基本管理方式；
(2) 掌握建账的基本方法；
(3) 掌握各种原始凭证的填写方法；
(4) 掌握各种业务的处理及填写记账凭证的方法；
(5) 掌握账簿登记的方法；
(6) 掌握企业成本计算以及各类成本报表编制的方法；
(7) 掌握年终结账以及各种报表编制的方法；
(8) 掌握会计核算软件的应用。

二、实训要求

(1) 在会计综合模拟实训开始之前，学生需要认真学习《会计基础工作规范》《会计档案管理办法》等会计法律法规，认真复习基础会计、财务会计、成本会计、电算会计、财务管理、税法等课程的相关知识，并详细了解实训企业背景材料和会计制度部分的相关内容。

(2) 会计工作复杂烦琐，学生应在思想上做好充分的准备，耐心沉稳，合理安排进度。采用小组形式完成实训的，需要明确小组内成员的分工，并在恰当时间内轮岗，以圆满完成会计综合模拟实训的训练任务。

(3) 模拟会计实训工作包括以下内容。
① 熟悉模拟企业的基本情况及业务流程；
② 分析 2018 年 12 月的经济业务并填写部分原始凭证；
③ 依据各业务原始凭证编制记账凭证；
④ 根据记账凭证登记有关明细账和总账；
⑤ 编制试算平衡表；
⑥ 月末计算本月完工产品的生产成本；
⑦ 编制资产负债表、利润表、现金流量表、所有者权益变动表及报表附注。

(4) 学生应严格按照有关规定填写会计凭证，包括会计凭证的编号、日期、业务内容摘要、会计科目、金额、所附原始凭证张数、审核签章等有关项目，不得敷衍了事；登记账簿时字迹要清楚，并按规定的程序和方法记账、结账，发现错账时应采用正确的方法更正(划线更正法、红字更正法、补充登记法等)；所有计算结果均保留两位小数，分配率保留四位小数。

(5) 实训结束后，应将各种记账凭证连同所附的原始凭证或原始凭证汇总表按编号顺序折叠整齐，装订成册，并加具封面，注明单位名称、年度、月份和起讫日期，并由装订人签名或盖章。同时将各种账簿按照不同格式分别装订，装订顺序为：会计账簿封面——账簿启用表——账户目录——按页数顺序排列的账页——会计账簿封底。会计报表应单独整理装订成册，并加具封面，注明单位名称、年度、月份等，不得和会计账簿装订在一起。

三、实训前的准备工作

在会计综合模拟实训开始之前，提前准备好会计综合模拟实训必需的材料，包括手工操作实验所需要的记账凭证、各种账页、凭证封皮等，可按所需数量事先印刷或购买。另外，还需要准备凭证装订机、大头针、票据夹、剪刀、胶水等工具。本书提供实训业务所需的原始凭证。

需要提前准备的空白会计凭证和账页包括以下 8 项。
(1) 通用记账凭证 300 张；
(2) 凭证封面、封底 6 套；
(3) 账簿启用及交接表 3 张；
(4) 三栏式总账、明细账页 110 张；
(5) 三栏式现金、银行存款日记账 10 张；
(6) 多栏式明细账页 15 张；
(7) 数量金额式账页 25 张；
(8) "应交税费——应交增值税"明细账 4 张。

在手工操作结束后，根据手工操作资料进行计算机操作，既是为了检验手工操作的正确性，又是电算化模拟操作的实训内容。电算化模拟实训需要用友、金蝶等财务软件的支持。

四、实训评分标准

会计综合模拟实训采用"平时成绩+实训成果成绩+答辩成绩"的考评体系。

1. 平时成绩 40 分

(1) 日常考勤(实习纪律)10 分。其中无故迟到、早退每次扣 2 分，无故缺课每次扣 5 分，该部分成绩直接计入学生个人成绩。

(2) 作业批改 30 分。实训期间教师定期抽检实训小组的凭证账册，从正确性、完整性和及时性三个方面进行检查。原则上小组成员得到相同的成绩，以凸显团队协作的重要性。执行中教师可根据学生在凭证上的签名对成绩进行相应的调整，以便考核同组内的不同学生在岗位分工下的岗位胜任度情况。

2. 实训成果成绩 40 分

实验成果成绩依据学生所写的实训课程小结和上交的全套账簿单证进行评定。

(1) 实训课程小结 10 分。学生完成的实训课程小结应完整地记录其实训期间完成的主要工作、遇到的问题及解决方法，并陈述自己的实训体会，该部分成绩直接计入学生的个人成绩。

(2) 凭证账册 30 分。实训结束，各小组应提交装订完整的凭证、账簿和报表。教师从规范性、整洁性、正确性等方面进行评价。

3. 答辩成绩 20 分

课程结束时，教师以面试的形式从学生完成的凭证账册(或知识点考察库)中随机抽三道题目，要求学生当场回答，无须准备。根据学生的回答情况给出评价，作为学生的个人成绩。

实训二

企业认知

一、公司简介

中文名称：福建客家工业科技有限公司
注册资本：1,200.00 万元
法定代表人：陈文一
有限公司设立日期：2002 年 6 月 12 日
住所：福建省福州市荆东工业园
社会信用代码：913501060911083566
经营范围：工业技术研发；汽车关键零部件及配件；汽车动力系统；汽车底盘系统；汽车刹车系统的设计、制造、加工。
主营业务：支架、缸套等汽车零配件与电机轴等电机零件的研发、生产与销售。

二、公司组织结构

公司共有在册员工 450 人，设有综合规划发展部、人力资源部、财务部等 9 个部门，具体部门职责如下。

(1) 综合规划发展部：主要负责发展规划的制定与实施；公司技术改造和新上项目的申报、科研、组织实施等；公司发展的投资方向研究、投资项目论证、行业发展分析；接待管理与服务；公司安全保卫；公司各类会议决议的落实情况督察，公司阶段性工作、临时性工作落实情况的督察。

(2) 人力资源部：主要负责编制人员的招聘、调配、各项社会保险事项以及职业发展体系的建立与完善；公司薪酬体系的完善与调整；绩效考核体系的建立与完善；公司全员继续教育；公司宣传工作；企业文化建设工作。

(3) 财务部：主要负责公司经济运行分析、成本管理、内部控制等，做好财务预决算，及组织财务分析和控制各类费用开支，保证公司利润目标的实现；按时如实上报各类会计报表，准确反映公司经营状态；做好对各类应收账款的监控和管理。

(4) 技术研发中心：主要负责公司技术人员的管理、培训、档案管理；新材料、新材质、新工艺及相关辅助材料的研究与开发；为生产单位提供技术服务；工装夹具、量具检具的设计；专用设备的设计；客户技术交流与服务。

(5) 制造与质量部：负责公司质量目标的制定与实施；内部质量管理与考核；质量体系的有效运行监控与考核；从原辅材料采购到成品检验全过程质量监控、管理；内、外部质量信息反馈的处理等；销售订单与生产计划的衔接；负责内部物资、物流系统的管理、生产现场管理、安全生产、设备管理等。

(6) 采供部：公司所需原辅材料的采购管理；公司供应商的管理。

(7) 销售部：主要负责国内市场的开发与销售，分析和预测；制定营销战略，细化销售措施，完成销售和市场开发任务；实现产销平衡；把握市场发展趋势，及时开发新客户，以利润为中心，实施产品结构调整战略。

(8) 后勤部：员工食堂的管理与服务；公司内整体绿化的设计、改造、实施、维护与管理。

(9) 内部审计部：建立和完善公司的审计监察业务流程和管理制度并督导执行；检查公司各部门工作人员遵守和执行国家法律法规的情况；受理并调查公司工作人员违法、违纪、违反公司规章制度的控告、检举、来信、来访；公司项目工程、完工合同和干部离任审计及有关经济活动的审计工作等职能。公司组织结构图如图2-1所示。

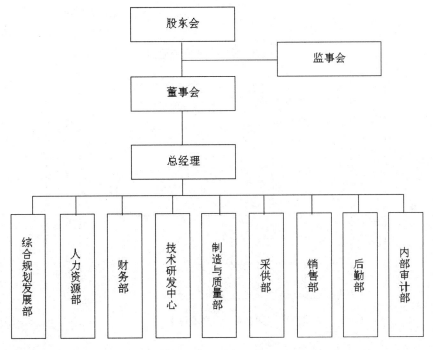

图 2-1　公司组织结构图

三、公司制造工艺流程

公司产品主要为支架、缸套等汽车零配件与电机轴等电机零件。产品的生产工艺流程主要为铸造加工和机械加工两个生产工艺。

1. 铸造车间基本生产流程

铸造车间主要为生产支架和缸套毛坯件半成品，主要工艺流程为投料、溶解、浇筑、解箱、抛丸、打磨、检验的工艺环节。具体作业流程如图2-2所示。

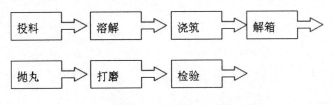

图 2-2　铸造车间流程图

2. 机加工车间基本生产流程

机加工车间主要对铸造车间生产的半成品进行机加工过程，主要工艺流程为车削、精镗、铣面、铣沉头、检验、打标及油漆的环节。具体流程如图2-3、图2-4所示。

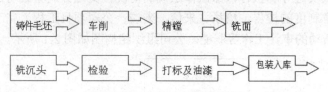

图 2-3　机加工车间流程图

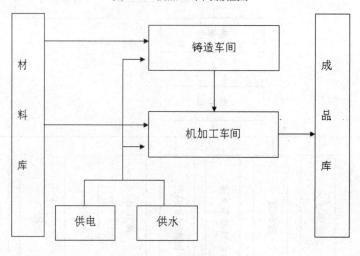

图 2-4　生产流程图

实训三

企业会计机构与会计制度

一、会计部门设置

公司会计工作组织及分公司属于财务部主管,职责划分为会计主管、总账会计、成本会计、出纳四个工作岗位,具体分工如下。

(1) 会计主管职责:领导和组织公司会计核算工作;负责审核会计凭证、对账和编制财务报表;负责保管财务专用章;负责编制科目汇总表,编制纳税申报表及虚拟网上报税;进行全面预算、短期经营决策、长期投资决策、成本分析;组织会计档案的整理和保管;组织财产清查等。

(2) 总账会计职责:编制除产品成本业务之外的其他业务会计凭证;登记存货明细账、往来明细账等。

(3) 成本会计职责:进行产品成本核算,编制成本计算原始凭证;编制产品成本业务记账凭证;登记"生产成本""制造费用"明细账;编制成本报表,进行成本分析等。

(4) 出纳职责:负责办理库存现金、银行存款收款、付款及银行结算其他业务;保管库存现金、有价证券及法人代表名章;登记库存现金日记账、银行存款日记账;配合清查人员进行库存现金、银行存款清查等。

二、企业会计制度

本公司以持续经营为基础,根据实际发生的交易和事项,按照《企业会计准则——基本准则》和其他各项具体会计准则、应用指南、准则解释及其他相关规定(以下合称企业会计准则)进行确认和计量,编制财务报表。

(一)会计期间

本公司的会计期间分为年度和中期,会计中期指短于一个完整的会计年度的报告期间。本公司会计年度采用公历年度,即每年自1月1日起至12月31日止。

(二)营业周期

正常营业周期是指本公司从购买用于加工的资产起至实现现金或现金等价物的期间。本公司以12个月作为一个营业周期,并以其作为资产和负债的流动性划分标准。

(三)记账本位币

人民币为本公司经营所处的主要经济环境中的货币,本公司及子公司以人民币为记账本位币。

(四)企业账务处理流程

公司会计采用借贷记账法,核算采用集中核算方式,成本核算采用分步法。会计核算程序为科目汇总表会计核算程序。其核算流程如图 3-1 所示。

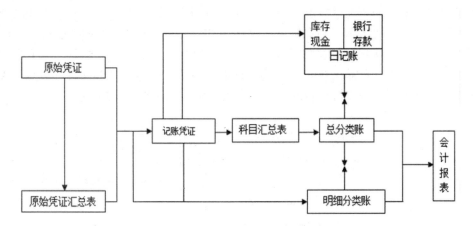

图 3-1 账务处理程序流程

(五)主要会计政策

1. 应收账款坏账准备的计提

本公司采用账龄分析法计提坏账准备，计提年限、计提方式如表 3-1 所示。

表 3-1 应收账款坏账准备计提比例表

账　龄	应收账款计提比例(%)	其他应收款计提比例(%)
1 年以内(含 1 年)	5	5
1～2 年(含 2 年)	20	10
2～3 年(含 3 年)	40	30
3～4 年(含 4 年)	60	50
4～5 年(含 5 年)	80	80
5 年以上	100	100

2. 存货

1) 存货的分类

公司存货是指在生产经营过程中持有以备销售，或者仍然处在生产过程，或者在生产或提供劳务过程中将消耗的材料或物资等，包括各类在途物资、原材料、包装物、低值易耗品、在产品、委托加工物资、产成品(库存商品)、发出商品等。

2) 存货取得和发出的计价方法

发出存货的计价方法：采用加权平均法核算。

3) 存货的盘存制度

采用永续盘存制。

4) 低值易耗品及包装物的摊销方法

采用"一次转销法"摊销。

5) 成本核算

本公司生产的产品是经过多道工序(两个生产车间)完成,分别设置铸造、机加两个生产车间。铸造车间加工完成的半成品缸套、支架铸件全部转入机加车间的直接材料,机加车间除了将铸造车间的半成品缸套加工成产成品,还有加工外购毛坯。最后一道工序完工之前发生的成本均作为在制品核算(包含铸造、机加在制品),月末对在制品进行盘点、成本核算采用不进行成本还原的综合结转分步法。其成本计算流程如图 3-2 所示。

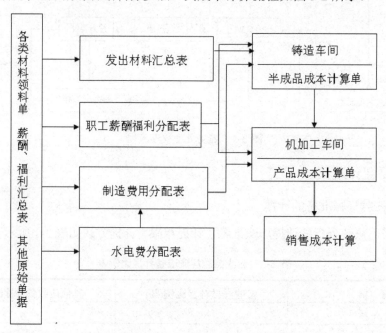

图 3-2 成本计算流程

铸造车间耗用原材料于生产开始时一次投入,投入工资薪酬和制造费用在各种产品之间的分配方法是按产品的毛重按比例分配。铸造车间的发出计价采用加权平均法。

机加车间除了耗用铸造车间的半成品及外购毛坯,无耗用其他直接材料,半成品及毛坯一次投入,其他费用陆续发生、本环节人工成本按累计工时比例分配。制造费用在各种产品之间的分配方法是按产品的生产产品工时比例分配。月末完工产品与在产品之间生产费用的分配采用约当产量法。期末在制品的数量按 50%约当。具体项目分配规则如表 3-2 所示。

表 3-2 成本项目分配规则表

成本项目	分配规则
直接材料	所需材料为生产开始时一次性投入,因此按产量直接计算在产品和完工产品数量,并进行分配
直接人工	在产品按约当产量计算并进行分配
燃料动力	在产品按约当产量计算并进行分配
制造费用	在产品按约当产量计算并进行分配

3. 固定资产的折旧方法

本公司根据固定资产的性质和使用情况，确定固定资产的使用寿命和预计净残值。并在每年年度终了，对固定资产的使用寿命、预计净残值和折旧方法进行复核，如与原先估计数存在差异的，进行相应的调整。

本公司的固定资产类别、预计使用寿命、预计净残值率和年折旧率如表 3-3 所示。

表 3-3　固定资产折旧率表

类　别	折旧方法	折旧年限(年)	净残值率(%)	年折旧率(%)
房屋建筑物	平均年限法	20	4	4.80
机器设备	平均年限法	10	4	9.60
运输设备	平均年限法	10	4	9.60
工具器具	平均年限法	5	4	19.20
电子设备	平均年限法	3	4	19.20
家具器具	平均年限法	5	4	19.20

4. 无形资产摊销方法

本公司的固定资产类别、预计使用寿命、预计净残值率和年折旧率如表 3-4 所示。

表 3-4　无形资产折旧率表

项　目	预计使用寿命(年)	依　据
土地使用权	30	土地使用权证
专利权及专有技术	10	预计带来未来经济利益的期限
计算机软件	10	预计带来未来经济利益的期限

5. 主要税种及税率

本公司为一般纳税人，主要涉及的税种有增值税、城市维护建设税、企业所得税、房产税、土地使用税以及其他相关税费等。公司当期取得的增值税专用发票，按照现行增值税制度规定当期准予抵扣的，均已认证且于当期一次性抵扣。具体税率如表 3-5 所示。

表 3-5　主要税率表

税　种	计税依据	税率(%)
增值税	销售货物或提供应税劳务过程中产生的增值额	13
	增值税出口退税	13
城市维护建设税	应交增值税额	7
教育费附加	应交增值税额	3
地方教育附加	应交增值税额	2
防洪费	应交增值税额	0.09
企业所得税	应纳税所得额	25

续表

税　种	计税依据	税率(%)
房产税	以应税房产原值与按照房产面积分摊的土地原值之和的75%为纳税基准，或以租金收入为纳税基准	1.2、12
土地使用税	应税土地面积	3

6．职工社会保险缴纳情况

工资采用月薪制，每个月按照22天计算，每个月按照工资核算制度计算应付工资和实发工资；企业按照社会保险制度承担"五险一金"，按照职工工资总额一定比例(假设本年月工资额与上年月工资额相同)。具体职工社会保险缴存比例如表3-6所示。

表3-6　职工社会保险比例表

类　别	企业缴纳比例(%)	员工缴纳比例(%)
养老保险	20	8
医疗保险	10	2
失业保险	1	0.2
工伤保险	0.3	0
生育保险	0.8	0
住房公积金	12	12

(六)银行预留印鉴

公司银行预留印鉴包括：公章、法定代表人私章、发票专用章、财务专用章。具体如图3-3所示。

图3-3　公司主要公章与私章

实训四

企业期初财务数据

一、企业2018年1~11月科目余额表

福建客家工业科技有限公司科目设置以及1~11月总账科目以及明细账科目余额如表4-1所示。

表4-1 福建客家工业科技有限公司1~11月科目余额表   单位：元

科目名称	方向	币别/计量	年初余额	累计借方	累计贷方	期初余额
库存现金(1001)	借		3 000.00	30 000.00	8 000.00	25 000.00
银行存款(1002)	借		2 184 433.88	35 193 038.00	32 028 953.85	5 348 518.03
建设银行福州五一支行(100201)	借		1 821 756.00	34 987 350.00	31 988 906.62	4 820 199.38
交通银行福州湖滨支行(100202)	借		362 677.88	205 688.00	40 047.23	528 318.65
存放中央银行款项(1003)	借		—	—	—	—
存放同业(1011)	借					
其他货币资金(1012)	借		2 000 000.00	200 000.00	200 000.00	2 000 000.00
存出投资款(101201)	借		2 000 000.00	200 000.00	200 000.00	2 000 000.00
银行汇票存款(101202)	借					
结算备付金(1021)	借					
存出保证金(1031)	借					
交易性金融资产(1101)	借		—	15 220 000.00	15 220 000.00	—
成本(110101)	借			15 000 000.00	15 000 000.00	
公允价值变动(110102)	借		—	220 000.00	220 000.00	—
买入返售金融资产(1111)	借					
应收票据(1121)	借		1 100 000.00	1 300 000.00	2 055 000.00	345 000.00
应收账款(1122)	借		3 429 990.83	4 800 000.00	4 300 150.83	3 929 840.00
预付账款(1123)	借		88 750.00	200 000.00	231 150.00	57 600.00
应收股利(1131)	借					
应收利息(1132)	借		—	—	—	—
应收代位追偿款(1201)	借					
应收分保账款(1211)	借					
应收分保合同准备金(1212)	借					
其他应收款(1221)	借		11 000.00	105 000.00	95 500.00	20 500.00
个人(122101)	借		11 000.00	105 000.00	95 500.00	20 500.00
社保局(122102)	借		—	—	—	—

续表

科目名称	方向	币别/计量	年初余额	累计借方	累计贷方	期初余额
坏账准备(1231)	贷		4 619.63	153 456.00	152 356.00	3 519.63
贴现资产(1301)	借		—	—	—	—
拆出资金(1302)	借		—	—	—	—
贷款(1303)	借		—	—	—	—
贷款损失准备(1304)	贷		—	—	—	—
代理兑付证券(1311)	借		—	—	—	—
代理业务资产(1321)	借		—	—	—	—
材料采购(1401)	借		—	—	—	—
在途物资(1402)	借		—	5 220 800.00	5 220 800.00	—
废钢(140201)	借		—	5 200 000.00	5 200 000.00	—
	借	千克	—	2 000 000.00	2 000 000.00	—
紫铜(140202)	借		—	—	—	—
	借	千克	—	—	—	—
磷铁(140203)	借		—	16 800.00	16 800.00	—
	借	千克	—	8 000.00	8 000.00	—
铸造铁(140204)	借		—	—	—	—
	借	千克	—	—	—	—
锡粒(140205)	借		—	4 000.00	4 000.00	—
	借	千克	—	50.00	50.00	—
水泥(140206)	借		—	—	—	—
	借	千克				
原材料(1403)	借		2 619 865.00	6 938 500.00	7 152 800.00	2 405 565.00
废钢(140301)	借		910 000.00	4 680 000.00	4 810 000.00	780 000.00
	借	千克	350 000.00	1 800 000.00	1 850 000.00	300 000.00
紫铜(140302)	借		1 053 200.00	423 000.00	380 700.00	1 095 500.00
	借	千克	24 000.00	10 000.00	9 000.00	25 000.00
磷铁(140303)	借		20 970.00	16 800.00	15 750.00	22 020.00
	借	千克	7 500.00	8 000.00	7 500.00	8 000.00
铸造铁(140304)	借		286 000.00	780 000.00	832 000.00	234 000.00
	借	千克	110 000.00	300 000.00	320 000.00	90 000.00
锡粒(140305)	借		13 600.00	8 000.00	8 800.00	12 800.00
	借	千克	170.00	100.00	110.00	160.00
增碳剂(140306)	借		120 900.00	392 000.00	420 000.00	92 900.00
	借	千克	43 000.00	140 000.00	150 000.00	33 000.00

续表

科目名称	方向	币别/计量	年初余额	累计借方	累计贷方	期初余额
孕育剂(140307)	借		177 375.00	535 500.00	573 750.00	139 125.00
	借	千克	23 000.00	70 000.00	75 000.00	18 000.00
膨润土(140308)	借		37 820.00	103 200.00	111 800.00	29 220.00
	借	千克	45 000.00	120 000.00	130 000.00	35 000.00
材料成本差异(1404)	借		—			—
库存商品(1405)	借		3 571 880.00	27 179 200.00	27 675 200.00	3 075 880.00
汽车缸套(140501)	借		2 841 800.00	11 388 000.00	11 826 000.00	2 403 800.00
	借	个	65 000.00	260 000.00	270 000.00	55 000.00
汽车轴承支架(140502)	借		730 080.00	2 784 000.00	2 842 000.00	672 080.00
	借	个	2 268 000.00	240 000.00	2 450 000.00	58 000.00
半成品(汽车缸套毛坯)(140503)	借		—	10 847 200.00	10 847 200.00	—
	借	个	—	260 000.00	260 000.00	—
半成品(汽车轴承支架毛坯)(140504)	借		—	2 160 000.00	2 160 000.00	—
	借	个	—	240 000.00	240 000.00	—
发出商品(1406)	借		—	2 190 000.00	2 190 000.00	—
委托代销商品(140601)	借		—	2 190 000.00	2 190 000.00	—
汽车缸套(14060101)	借		—	2 190 000.00	2 190 000.00	—
	借	个	—	50 000.00	50 000.00	—
商品进销差价(1407)	贷		—	—	—	—
委托加工物资(1408)	借		—	—	—	—
周转材料(1411)	借		100 500.00	615 000.00	654 000.00	61 500.00
短皮手套(141101)	借		5 000.00	30 000.00	32 000.00	3 000.00
	借	套	500.00	3 000.00	3 200.00	300.00
防尘口罩(141102)	借		2 500.00	15 000.00	16 000.00	1 500.00
	借	个	500.00	3 000.00	3 200.00	300.00
梅花扳手1719(141103)	借		6 000.00	20 000.00	24 000.00	2 000.00
	借	把	300.00	1 000.00	1 200.00	100.00
美工刀(141104)	借		3 000.00	10 000.00	12 000.00	1 000.00
	借	把	300.00	1 000.00	1 200.00	100.00
刀具(141105)	借		28 000.00	180 000.00	190 000.00	18 000.00
	借	把	1 400.00	9 000.00	9 500.00	900.00
砂轮(141106)	借		14 000.00	90 000.00	95 000.00	9 000.00
	借	个	1 400.00	9 000.00	9 500.00	900.00

续表

科目名称	方向	币别/计量	年初余额	累计借方	累计贷方	期初余额
油类(141107)	借		42 000.00	270 000.00	285 000.00	27 000.00
	借	桶	1 400.00	9 000.00	9 500.00	900.00
消耗性生物资产(1421)	借		—	—	—	—
受托代销商品(1431)	借		—	—	—	—
火花塞(143101)	借		—	—	—	—
	借	个	—	—	—	—
抵债资产(1441)	借					
损余物资(1451)	借					
融资租赁资产(1461)	借					
存货跌价准备(1471)	贷					
持有至到期投资(1501)	借					
持有至到期投资减值准备(1502)	贷					
可供出售金融资产(1503)	借		—	1 500 000.00	1 500 000.00	—
成本(150301)	借		—	1 500 000.00	1 500 000.00	—
大豪科技(15030101)	借		—	—	—	—
上海宏发(15030102)	借		—	1 500 000.00	1 500 000.00	—
长期股权投资(1511)	借		—	—	—	—
成本(151101)	借		—	—	—	—
东方公司(15110101)	借		—	—	—	—
长期股权投资减值准备(1512)	贷					
投资性房地产(1521)	借		—	—	—	—
长期应收款(1531)	借		2 400 000.00			2 400 000.00
未实现融资收益(1532)	贷		483 504.00	—	—	483 504.00
存出资本保证金(1541)	借					
固定资产(1601)	借		6 480 411.00	455 789.00	386 600.00	6 549 600.00
房屋及建筑物(160101)	借		3 340 811.00	455 789.00	356 600.00	3 440 000.00
电子设备(160102)	借		—	—	—	—
管理设备(160103)	借		133 000.00		30 000.00	103 000.00
机器设备(160104)	借					
生产设备(160105)	借		2 750 000.00			2 750 000.00
运输设备(160106)	借		256 600.00			256 600.00
其他设备(160107)	借		—			—
累计折旧(1602)	贷		616 812.00	355 467.00	504 000.00	765 345.00
固定资产减值准备(1603)	贷		—	—	—	—

续表

科目名称	方向	币别/计量	年初余额	累计借方	累计贷方	期初余额
在建工程(1604)	借		2 500 000.00	1 300 000.00	—	3 800 000.00
皮带机-550(160401)	借		—	—	—	—
1 号厂房(160402)	借		—	—	—	—
2 号厂房(160403)	借		830 150.00	800 000.00	—	1 630 150.00
3 号厂房(160404)	借		—	—	—	—
5 号厂房(160405)	借		1 669 850.00	500 000.00	—	2 169 850.00
工程物资(1605)	借		—	—	—	—
固定资产清理(1606)	借		—	56 000.00	56 000.00	—
未担保余值(1611)	借		—	—	—	—
生产性生物资产(1621)	借		—	—	—	—
生产性生物资产累计折旧(1622)	贷		—	—	—	—
公益性生物资产(1623)	借		—	—	—	—
油气资产(1631)	借		—	—	—	—
累计折耗(1632)	贷		—	—	—	—
无形资产(1701)	借		4 980 000.00	20 000.00	—	5 000 000.00
非专利技术(170101)	借		—	—	—	—
商标权(170102)	借		20 000.00	—	—	20 000.00
土地使用权(170103)	借		4 800 000.00	—	—	4 800 000.00
专利权(170104)	借		160 000.00	20 000.00	—	180 000.00
累计摊销(1702)	贷		1 116 850.00	—	167 350.00	1 284 200.00
无形资产减值准备(1703)	贷		—	—	—	—
商誉(1711)	借		—	—	—	—
长期待摊费用(1801)	借		—	—	—	—
递延所得税资产(1811)	借		253 333.56	—	—	253 333.56
独立账户资产(1821)	借		—	—	—	—
待处理财产损溢(1901)	借		—	300.00	300.00	—
待处理流动资产损益(190101)	借		—	300.00	300.00	—
短期借款(2001)	贷		1 500 000.00	1 500 000.00	500 000.00	500 000.00
存入保证金(2002)	贷		—	—	—	—
拆入资金(2003)	贷		—	—	—	—
向中央银行借款(2004)	贷		—	—	—	—
吸收存款(2011)	贷		—	—	—	—
同业存放(2012)	贷		—	—	—	—
贴现负债(2021)	贷		—	—	—	—

续表

科目名称	方向	币别/计量	年初余额	累计借方	累计贷方	期初余额
交易性金融负债(2101)	贷		—	—	—	—
卖出回购金融资产款(2111)	借					
应付票据(2201)	贷		—			
应付账款(2202)	贷		2 349 180.00	2 300 000.00	2 121 020.00	2 170 200.00
预收账款(2203)	贷		379 226.14	279 226.14	—	100 000.00
应付职工薪酬(2211)	贷		487 530.17	5 783 226.65	5 857 251.05	561 554.57
短期薪酬(221101)	贷		444 263.49	5 209 676.65	5 261 101.05	495 687.89
工资(22110101)	贷		375 641.88	4 312 902.80	4 348 177.20	410 916.28
医疗保险(22110102)	贷		28 066.00	305 700.00	310 900.00	33 266.00
工伤保险(22110103)	贷		975.32	9 780.00	9 470.00	665.32
生育保险(22110104)	贷		1 661.28	28 780.00	29 780.00	2 661.28
养老保险(22110105)	贷		—			
失业保险(22110106)	贷					
住房公积金(22110107)	贷		30 419.20	258 500.00	268 000.00	39 919.20
工会经费(22110108)	贷		7 499.81	21 780.00	22 540.00	8 259.81
职工教育经费(22110109)	贷		—	51 233.85	51 233.85	—
职工福利费(22110110)	贷			221 000.00	221 000.00	
离职后福利(221102)	贷		43 266.68	573 550.00	596 150.00	65 866.68
失业保险(22110201)	贷		2 061.28	58 750.00	59 350.00	2 661.28
养老保险(22110202)	贷		41 205.40	514 800.00	536 800.00	63 205.40
应交税费(2221)	贷		1 036 540.75	6 891 309.41	5 532 458.96	322 309.70
应交增值税(222101)	贷		—	4 878 800.00	4 878 800.00	
进项税额(22210101)	贷		4 265 368.00	4 265 368.00	—	
销项税额(22210102)	贷		4 828 800.00	—	4 828 800.00	
进项税额转出(22210103)	贷		—			
转出未交增值税(22210104)	贷		613 432.00	613 432.00		
简易计税(22210105)	贷		50 000.00	—	50 000.00	
转让金融商品应交增值税(22210106)	贷					
未交增值税(222102)	贷		42 550.45	368 706.28	482 955.83	156 800.00
应交个人所得税(222103)	贷		2 074.30	9 811.23	9 811.23	2 074.30
应交企业所得税(222104)	贷		973 100.00	1 569 500.00	96 400.00	500 000.00
应交土地增值税(222105)	贷		—			
应交城市维护建设税(222106)	贷		10 976.00	40 085.82	40 085.82	10 976.00
应交教育费附加(222107)	贷		4 704.00	20 680.09	20 680.09	4 704.00

续表

科目名称	方向	币别/计量	年初余额	累计借方	累计贷方	期初余额
应交地方教育附加(222108)	贷		3 136.00	3 725.99	3 725.99	3 136.00
待抵扣进项税(222109)	贷		—	—	—	—
应交房产税(222110)	贷		—	—	—	—
应交车船使用税(222111)	贷		—	—	—	—
应交土地使用税(222112)	贷		—	—	—	—
应付利息(2231)	贷		—	152 336.00	152 336.00	—
建设银行福州五一支行(223102)	贷		—	152 336.00	152 336.00	—
应付股利(2232)	贷		—	—	—	—
其他应付款(2241)	贷		—	22 000.00	22 000.00	—
房屋押金(224101)	贷		—	22 000.00	22 000.00	—
未付费用(224102)	贷		—	—	—	—
个人(224103)	贷		—	—	—	—
应付保单红利(2251)	贷		—	—	—	—
应付分保账款(2261)	贷		—	—	—	—
代理买卖证券款(2311)	贷		—	—	—	—
代理承销证券款(2312)	贷		—	—	—	—
代理兑付证券款(2313)	贷		—	—	—	—
代销商品款(2314)	贷		—	—	—	—
递延收益(2401)	贷		—	—	—	—
长期借款(2501)	贷		3 000 000.00	2 000 000.00	—	1 000 000.00
建设银行福州五一支行(250101)	贷		3 000 000.00	2 000 000.00	—	1 000 000.00
应付债券(2502)	贷		—	—	—	—
未到期责任准备金(2601)	贷		—	—	—	—
保险责任准备金(2602)	贷		—	—	—	—
保户储金(2611)	贷		—	—	—	—
独立账户负债(2621)	借		—	—	—	—
长期应付款(2701)	贷		2 700 000.00	—	—	2 700 000.00
福州链家地产有限公司(270101)	贷		2 700 000.00	—	—	2 700 000.00
未确认融资费用(2702)	借		461 818.80	—	—	461 818.80
专项应付款(2711)	贷		—	—	—	—
预计负债(2801)	贷		—	—	—	—
递延所得税负债(2901)	贷		115 454.70	—	—	115 454.70
清算资金往来(3001)	借		—	—	—	—
货币兑换(3002)	借		—	—	—	—

续表

科目名称	方向	币别/计量	年初余额	累计借方	累计贷方	期初余额
衍生工具(3101)	借		—	—	—	—
套期工具(3201)	借		—	—	—	—
被套期项目(3202)	借		—	—	—	—
实收资本(4001)	贷		12 000 000.00	—	—	12 000 000.00
陈文一(400101)	贷		7 000 000.00	—	—	7 000 000.00
林新生(400102)	贷		3 000 000.00	—	—	3 000 000.00
福建新能投资发展有限公司(400103)	贷		2 000 000.00	—	—	2 000 000.00
资本公积(4002)	贷		1 000 000.00	—	—	1 000 000.00
资本溢价(400201)	贷		1 000 000.00	—	—	1 000 000.00
其他综合收益(4003)	贷		—	—	—	—
盈余公积(4101)	贷		521 500.00	—	—	521 500.00
法定盈余公积(410101)	贷		521 500.00	—	—	521 500.00
任意盈余公积(410102)	贷		—	—	—	—
一般风险准备(4102)	贷		—	—	—	—
本年利润(4103)	贷		—	22 838 387.37	30 642 477.88	7 804 090.51
利润分配(4104)	贷		5 191 032.00	—	—	5 191 032.00
提取法定盈余公积(410401)	贷		—	—	—	—
提取任意盈余公积(410402)	贷		—	—	—	—
未分配利润(410403)	贷		5 191 032.00	—	—	5 191 032.00
库存股(4201)	借		—	—	—	—
生产成本(5001)	借		317 266.32	26 454 274.00	26 627 605.00	143 935.32
汽车缸套(500101)	借		185 372.73	11 351 860.00	11 461 560.00	75 672.73
直接材料(50010101)	借		91 720.00	10 012 480.00	10 034 480.00	69 720.00
直接人工(50010102)	借		24 245.80	804 580.00	824 580.00	4 245.80
制造费用(50010103)	借		69 406.93	534 800.00	602 500.00	1 706.93
汽车缸套毛坯(500102)	借		36 507.67	10 306 180.00	10 303 300.00	39 387.67
直接材料(50010201)	借		10 116.75	6 256 000.00	6 244 500.00	21 616.75
直接人工(50010202)	借		3 487.94	2 025 680.00	2 024 800.00	4 367.94
制造费用(50010203)	借		22 902.98	2 024 500.00	2 034 000.00	13 402.98
汽车轴承支架(500103)	借		80 007.57	2 728 506.00	2 790 545.00	17 968.57
直接材料(50010301)	借		71 430.00	2 026 750.00	2 083 450.00	14 730.00
直接人工(50010302)	借		2 856.20	117 658.00	120 000.00	514.20
制造费用(50010303)	借		5 721.37	584 098.00	587 095.00	2 724.37
汽车轴承支架毛坯(500104)	借		15 378.35	2 067 728.00	2 072 200.00	10 906.35

续表

科目名称	方向	币别/计量	年初余额	累计借方	累计贷方	期初余额
直接材料(50010401)	借		7 986.02	1 076 328.00	1 080 000.00	4 314.02
直接人工(50010402)	借		2 527.56	485 500.00	486 000.00	2 027.56
制造费用(50010403)	借		4 864.77	505 900.00	506 200.00	4 564.77
制造费用(5101)	借		—	3 649 298.00	3 649 298.00	—
机加工车间(510101)	借		—	1 178 374.00	1 178 374.00	—
材料费(51010101)	借		—	204 000.00	204 000.00	—
水电费(51010102)	借		—	672 380.00	672 380.00	—
折旧费(51010103)	借		—	55 200.00	55 200.00	—
职工福利费(51010104)	借		—	6 000.00	6 000.00	—
职工教育经费(51010105)	借		—	48 000.00	48 000.00	—
职工薪酬(51010106)	借		—	192 794.00	192 794.00	—
铸造车间(510102)	借		—	2 470 924.00	2 470 924.00	—
材料费(51010201)	借		—	411 000.00	411 000.00	—
水电费(51010202)	借		—	1 534 970.00	1 534 970.00	—
折旧费(51010203)	借		—	247 200.00	247 200.00	—
职工福利费(51010204)	借		—	8 000.00	8 000.00	—
职工教育经费(51010205)	借		—	48 000.00	48 000.00	—
职工薪酬(51010206)	借		—	221 754.00	221 754.00	—
劳务成本(5201)	借		—	—	—	—
研发支出(5301)	借		—	500 000.00	500 000.00	—
资本化支出(530101)	借		—	—	—	—
费用化支出(530102)	借		—	500 000.00	500 000.00	—
工程施工(5401)	借		—	—	—	—
工程结算(5402)	贷		—	—	—	—
机械作业(5403)	借		—	—	—	—
主营业务收入(6001)	贷		—	29 831 200.00	29 831 200.00	—
汽车缸套(600101)	贷		—	21 778 500.00	21 778 500.00	—
汽车轴承支架(600102)	贷		—	4 802 700.00	4 802 700.00	—
委托代销商品(640103)	贷		—	3 250 000.00	3 250 000.00	—
汽车缸套(64010301)	贷		—	3 250 000.00	3 250 000.00	—
利息收入(6011)	贷		—	—	—	—
手续费及佣金收入(6021)	贷		—	—	—	—
保费收入(6031)	贷		—	—	—	—
租赁收入(6041)	贷		—	—	—	—

续表

科目名称	方向	币别/计量	年初余额	累计借方	累计贷方	期初余额
其他业务收入(6051)	贷		—	348 800.00	348 800.00	—
房屋租金(605101)	贷		—	108 800.00	108 800.00	—
锡粒(605102)	贷		—	—	—	—
劳务收入(605103)	贷		—	240 000.00	240 000.00	—
代销手续费(605104)	贷		—	—	—	—
汇兑损益(6061)	贷		—	—	—	—
公允价值变动损益(6101)	贷		—	220 000.00	220 000.00	—
资产处置损益(6102)	贷		—	—	—	—
投资收益(6111)	贷		—	450 000.00	450 000.00	—
摊回保险责任准备金(6201)	贷		—	—	—	—
摊回赔付支出(6202)	贷		—	—	—	—
摊回分保费用(6203)	贷		—	—	—	—
营业外收入(6301)	贷		—	30 000.00	30 000.00	—
主营业务成本(6401)	借		—	19 483 900.00	19 483 900.00	—
汽车缸套(640101)	借		—	13 456 000.00	13 456 000.00	—
汽车轴承支架(640102)	借		—	3 027 900.00	3 027 900.00	—
委托代销商品(640103)	贷		—	3 000 000.00	3 000 000.00	—
汽车缸套(64010301)	贷		—	3 000 000.00	3 000 000.00	—
其他业务成本(6402)	借		—	—	—	—
税金及附加(6403)	借		—	64 491.90	64 491.90	—
城市维护建设税(640301)	借		—	40 085.82	40 085.82	—
教育费附加(640302)	借		—	20 680.09	20 680.09	—
地方教育费附加(640303)	借		—	3 725.99	3 725.99	—
房产税(640304)	借		—	—	—	—
车船使用税(640305)	借		—	—	—	—
土地使用税(640306)	借		—	—	—	—
利息支出(6411)	借		—	—	—	—
手续费及佣金支出(6421)	借		—	—	—	—
提取未到期责任准备金(6501)	借		—	—	—	—
提取保险责任准备金(6502)	借		—	—	—	—
赔付支出(6511)	借		—	—	—	—
保单红利支出(6521)	借		—	—	—	—
退保金(6531)	借		—	—	—	—
分出保费(6541)	借		—	—	—	—

续表

科目名称	方向	币别/计量	年初余额	累计借方	累计贷方	期初余额
分保费用(6542)	借		—	—	—	—
销售费用(6601)	借		—	1 384 900.00	1 384 900.00	—
差旅费(660101)	借		—	65 000.00	65 000.00	—
广告费(660102)	借		—	500 000.00	500 000.00	—
水电费(660103)	借		—	94 100.00	94 100.00	—
折旧费(660104)	借		—	5 000.00	5 000.00	—
汽油费(660105)	借		—	30 000.00	30 000.00	—
运费(660106)	借		—	100 000.00	100 000.00	—
职工福利费(660107)	借		—	26 800.00	26 800.00	—
职工教育经费(660108)	借		—	18 000.00	18 000.00	—
职工薪酬(660109)	借		—	221 000.00	221 000.00	—
代销手续费(660110)	借		—	325 000.00	325 000.00	—
管理费用(6602)	借		—	1 592 777.28	1 592 777.28	—
办公费(660201)	借		—	38 076.58	38 076.58	—
差旅费(660202)	借		—	61 856.18	61 856.18	—
顾问费(660203)	借		—	73 194.00	73 194.00	—
水电费(660204)	借		—	143 960.00	143 960.00	—
通信费(660205)	借		—	13 878.53	13 878.53	—
无形资产摊销(660206)	借		—	142 187.07	142 187.07	—
研发支出(660207)	借		—	26 941.27	26 941.27	—
验资费(660208)	借		—	20 000.00	20 000.00	—
招待费(660209)	借		—	36 787.62	36 787.62	—
折旧费(660210)	借		—	171 024.79	171 024.79	—
职工福利费(660211)	借		—	57 800.00	57 800.00	—
职工教育经费(660212)	借		—	34 569.00	34 569.00	—
职工薪酬(660213)	借		—	672 502.24	672 502.24	—
汽车保养费(660214)	借		—	5 000.00	5 000.00	—
审计费(660215)	借					
修理费(660216)	借		—	25 000.00	25 000.00	—
清理费(660217)	借		—	1 200.00	1 200.00	—
物业管理费(660218)	借		—	8 800.00	8 800.00	—
咨询费(660219)	借		—	60 000.00	60 000.00	—
财务费用(6603)	借		—	132 340.31	132 340.31	—
利息收入(660301)	借		—	65 547.83	65 547.83	—

续表

科目名称	方向	币别/计量	年初余额	累计借方	累计贷方	期初余额
利息支出(660302)	借		—	191 306.14	191 306.14	—
手续费(660303)	借		—	6 582.00	6 582.00	—
其他(660304)	借		—	—	—	—
勘探费用(6604)	借		—			
资产减值损失(6701)	借		—	105 000.00	105 000.00	—
营业外支出(6711)	借		—	312 500.00	312 500.00	—
所得税费用(6801)	借		—	—	—	—
以前年度损益调整(6901)	借		—	—	—	—

二、期初账簿的建立

1. 建立总分类账

根据总分类会计科目建立总账账簿,总账账簿一般采用订本式外表形式和三栏式账页格式。具体总分类科目见表 4-1、福建客家工业科技有限公司 1~11 月科目余额表。

2. 建立现金和银行存款日记账

银行存款日记账的建立应根据企业所开立的银行账户进行开设,每一个银行结算账户开设一本银行日记账。日记账账簿采用订本式外表形式和三栏式格式。

3. 建立明细分类账

根据各类科目的特点和要求建立对应的明细账账簿,具体明细分类科目见表 4-1、福建客家工业科技有限公司 1~11 月科目余额表,账簿格式要求见表 4-2。

表 4-2 明细科目所属账簿形式

账簿形式	所属明细账科目
多栏式	收入类、期间费用类、成本类
数量金额式	原材料、库存商品、周转材料
"应交税费——应交增值税"明细账	应交税费——应交增值税
三栏式	其他明细

实训五

手工会计业务处理

一、经济业务处理

企业 2018 年 12 月发生如下经济业务。

(1) 1 日，借入长期借款，相关凭证见附件：业务 1-1、业务 1-2、业务 1-3。

(2) 1 日，支付汽车保养费，相关凭证见附件：业务 2-1、业务 2-2。

(3) 1 日，委托福建有利汽车有限公司销售汽车缸套，相关凭证见附件：业务 3-1、业务 3-2、业务 3-3。

(4) 1 日，受福建华欣器材有限公司委托销售火花塞，相关凭证见附件：业务 4-1、业务 4-2、业务 4-3。

(5) 1 日，员工秦泵受伤，企业先垫付医疗费，相关凭证见附件：业务 5-1、业务 5-2。

(6) 1 日，收到秦泵工伤认定决定书，相关凭证见附件：业务 6-1、业务 6-2。

(7) 1 日，收到房租及押金，相关凭证见附件：业务 7-1、业务 7-2、业务 7-3、业务 7-4。

(8) 1 日，收到上海康智汽车有限公司的银行承兑汇票，用以支付所欠货款，相关凭证见附件：业务 8-1。

(9) 1 日，提取现金备用，签发现金支票，相关凭证见附件：业务 9-1、业务 9-2、业务 9-3。

(10) 承上题，编制记账凭证，相关凭证见附件：业务 9-1、业务 9-2、业务 9-3。

(11) 1 日，在建工程 5#厂房完工，相关凭证见附件：业务 10-1。

(12) 1 日，股东决定 5#厂房用于出租，该厂房公允价值为 230 万元，采用公允价值进行后续计量，相关凭证见附件：业务 11-1。

(13) 2 日，支付审计费，相关凭证见附件：业务 12-1、业务 12-2。

(14) 2 日，上月材料入库后发现不良品退回给供货商，收到红字发票，相关凭证见附件：业务 13-1、业务 13-2、业务 13-3。

(15) 2 日，以证券资金账户款项从二级市场购入股票，公司对被投资企业无重大影响，决定将其划分为交易性金融资产，相关凭证见附件：业务 14-1、业务 14-2。

(16) 3 日，购入原材料，运费由供货方代付(上月已预付款 57600.00 元)，相关凭证见附件：业务 15-1、业务 15-2、业务 15-3、业务 15-4、业务 15-5。

(17) 5 日，以专利权置换固定资产，该交换具有商业实质，相关凭证见附件：业务 16-1、业务 16-2、业务 16-3、业务 16-4、业务 16-5、业务 16-6、业务 16-7。

(18) 5 日，收到福建永源批发有限公司前欠的货款，相关凭证见附件：业务 17-1。

(19) 5 日，申请银行汇票，购买材料，相关凭证见附件：业务 18-1、业务 18-2、业务 18-3、业务 18-4、业务 18-5。

(20) 承上题，申请银行汇票，结合上题原始凭证编制记账凭证。

(21) 5 日，用银行汇票采购原材料，多余款已退回，相关凭证见附件：业务 19-1、业务 19-2、业务 19-3、业务 19-4、业务 19-5。

(22) 6 日，收到员工秦泵还款，相关凭证见附件：业务 20-1。

(23) 7 日，销售商品，相关凭证见附件：业务 21-1、业务 21-2、业务 21-3、业务 21-4。

(24) 7 日，销售商品，相关凭证见附件：业务 22-1、业务 22-2、业务 22-3。

(25) 7 日，购入周转材料，相关凭证见附件：业务 23-1、业务 23-2。

(26) 7 日，购入原材料，用银行承兑汇票支付部分货款，剩余货款以银行存款支付，相关凭证见附件：业务 24-1、业务 24-2、业务 24-3、业务 24-4、业务 24-5、业务 24-6。

(27) 8 日，收到合同违约金，相关凭证见附件：业务 25-1、业务 25-2、业务 25-3、业务 25-4、业务 25-5。

(28) 8 日，陈文一报销差旅费，相关凭证见附件：业务 26-1、业务 26-2、业务 26-3、业务 26-4、业务 26-5、业务 26-6、业务 26-7。

(29) 9 日，购入周转材料，签发转账支票并填制进账单，相关凭证见附件：业务 27-1、业务 27-2、业务 27-3、业务 27-4、业务 27-5。

(30) 9 日，购入周转材料，结合上题转账支票、进账单、付款申请书及附件业务 27-6、业务 27-7 编制记账凭证。

(31) 10 日，预收货款，相关凭证见附件：业务 28-1。

(32) 10 日，公司增加注册资本，相关凭证见附件：业务 29-1、业务 29-2、业务 29-3。

(33) 10 日，支付会计师事务所验资费用，相关凭证见附件：业务 30-1、业务 30-2。

(34) 10 日，银行承兑汇票到期承兑，相关凭证见附件：业务 31-1、业务 31-2。

(35) 12 日，取得福州东方有限公司 30%的股权(经评估福州东方有限公司总资产 20 000 000.00 元，总负债 10 000 000.00 元，股东全部权益为 10 000 000.00 元)，相关凭证见附件：业务 32-1、业务 32-2。

(36) 12 日，收到罚款，相关凭证见附件：业务 33-1。

(37) 12 日，购入需要安装的皮带机-550，相关凭证见附件：业务 34-1。

(38) 13 日，支付销售运费，相关凭证见附件：业务 35-1、业务 35-2、业务 35-3。

(39) 14 日，销售商品，款项未收，相关凭证见附件：业务 36-1、业务 36-2、业务 36-3。

(40) 15 日，销售部报销加油费，相关凭证见附件：业务 37-1、业务 37-2。

(41) 15 日，销售原材料，相关凭证见附件：业务 38-1、业务 38-2、业务 38-3。

(42) 15 日，发放上月工资，相关凭证见附件：业务 39-1、业务 39-2、业务 39-3、业务 39-4。

(43) 15 日，缴纳本月住房公积金，相关凭证见附件：业务 40-1、业务 40-2、业务 40-3。

(44) 15 日，缴纳本月社会保险费，相关凭证见附件：业务 41-1、业务 41-2。

(45) 15 日，拨缴上月工会经费，相关凭证见附件：业务 42-1、业务 42-2、业务 42-3。

(46) 15 日，缴纳税费，相关凭证见附件：业务 43-1、业务 43-2、业务 43-3。

(47) 16 日，支付皮带机-550 货款及安装费，相关凭证见附件：业务 44-1、业务 44-2、业务 44-3。

(48) 17 日，皮带机-550 安装完成，验收入库，相关凭证见附件：业务 45-1。

(49) 17 日，销售代销商品，相关凭证见附件：业务 46-1、业务 46-2、业务 46-3、业务 46-4。

(50) 17 日，销售商品(已预收货款¥200 000.00)，相关凭证见附件：业务 47-1、业务 47-2、业务 47-3。

(51) 18 日，存出投资款，相关凭证见附件：业务 48-1。

(52) 19 日，转回已核销的坏账(不以负数记账)，相关凭证见附件：业务 49-1、业务 49-2。

(53) 19 日，支付货款，相关凭证见附件：业务 50-1。

(54) 19 日，李伟报销招待费，相关凭证见附件：业务 51-1、业务 51-2。

(55) 20 日，销售部谢皖报销差旅费，相关凭证见附件：业务 52-1、业务 52-2、业务 52-3、业务 52-4、业务 52-5。

(56) 20 日，以证券资金账户款项从二级市场购入股票，公司对被投资企业无重大影响，决定将其划分为可供出售金融资产，相关凭证见附件：业务 53-1。

(57) 20 日，开出转账支票，支付捐赠支出，相关凭证见附件：业务 54-1、业务 54-2、业务 54-3。

(58) 20 日，销售一批商品给上海三都汽车有限公司，未收到货款，代垫运费，相关凭证见附件：业务 55-1、业务 55-2、业务 55-3、业务 55-4。

(59) 20 日，因商品存有瑕疵，要求退货，相关凭证见附件：业务 56-1、业务 56-2。

(60) 20 日，支付律师咨询费，相关凭证见附件：业务 57-1、业务 57-2、业务 57-3。

(61) 21 日，支付账户维护费，相关凭证见附件：业务 58-1、业务 58-2。

(62) 21 日，银行承兑汇票贴现，相关凭证见附件：业务 59-1、业务 59-2、业务 59-3、业务 59-4、业务 59-5、业务 59-6。

(63) 21 日，承上题，填制相关凭证。

(64) 21 日，收到存款利息，相关凭证见附件：业务 60-1、业务 60-2。

(65) 21 日，股东会决定对3#厂房大修理，相关凭证见附件：业务 61-1、业务 61-2。

(66) 21 日，购买非专利技术用于产品生产，相关凭证见附件：业务 62-1、业务 62-2、业务 62-3、业务 62-4。

(67) 22 日，通过二级市场出售股票，相关凭证见附件：业务 63-1。

(68) 22 日，采购大修理厂房用材料，相关凭证见附件：业务 64-1、业务 64-2、业务 64-3。

(69) 23 日，承上题，收到采购的材料并领用，相关凭证见附件：业务 65-1、业务 65-2。

(70) 24 日，支付垃圾清理费，相关凭证见附件：业务 66-1、业务 66-2、业务 66-3。

(71) 25 日，销售部刘晓亮预借差旅费，相关凭证见附件：业务 67-1。

(72) 25 日，支付物业管理费，相关凭证见附件：业务 68-1、业务 68-2。

(73) 26 日，支付职工培训费，相关凭证见附件：业务 69-1、业务 69-2。

(74) 26 日，报销设备修理费，相关凭证见附件：业务 70-1、业务 70-2。

(75) 27 日，支付广告费，相关凭证见附件：业务 71-1、业务 71-2、业务 71-3。

(76) 28 日，预付打头机款，相关凭证见附件：业务 72-1、业务 72-2、业务 72-3、业务 72-4。

(77) 28 日，支付通信费，相关凭证见附件：业务 73-1、业务 73-2。

(78) 28 日，债务重组，相关凭证见附件：业务 74-1、业务 74-2、业务 74-3、业务 74-4。

(79) 28 日，销售商品一批，对方以银行承兑汇票支付部分货款，剩余款项尚未支付，相关凭证见附件：业务 75-1、业务 75-2、业务 75-3、业务 75-4。

(80) 30 日，收回代垫运费款，相关凭证见附件：业务 76-1。

(81) 30 日，发生销售折让，相关凭证见附件：业务 77-1、业务 77-2。

(82) 30 日，承上题，确认折让后的收入，相关凭证见附件：业务 78-1。

(83) 30 日，自用 4#办公楼无法满足企业发展需要，予以处置，相关凭证见附件：业务 79-1、业务 79-2。

(84) 30 日，处置房产收入及计提处置房产应缴纳的土地增值税，相关凭证见附件：业务 80-1、业务 80-2、业务 80-3。

(85) 30 日，承上题，结转处置房产损益，相关凭证见附件：业务 81-1。

(86) 30 日，处置固定资产，相关凭证见附件：业务 82-1、业务 82-2、业务 82-3。

(87) 30 日，固定资产处置收入，相关凭证见附件：业务 83-1、业务 83-2。

(88) 30 日，承前两题，结转固定资产清理损益。

(89) 30 日，支付设备调试检测费，相关凭证见附件：业务 85-1、业务 85-2。

(90) 30 日，采购原材料，未到货，相关凭证见附件：业务 86-1、业务 86-2、业务 86-3。

(91) 31 日，支付劳务费用，相关凭证见附件：业务 87-1、业务 87-2。

(92) 31 日，确认劳务收入，相关凭证见附件：业务 88-1、业务 88-2、业务 88-3。

(93) 31 日，承接前两题，结转劳务成本。

(94) 31 日，确认委托代销收入及收到销款，相关凭证见附件：业务 90-1、业务 90-2、业务 90-3、业务 90-4。

(95) 31 日，结转委托代销成本，相关凭证见附件：业务 91-1。

(96) 31 日，确认代销手续费收入并支付代销款，相关凭证见附件：业务 92-1、业务 92-2、业务 92-3、业务 92-4。

(97) 31 日，结转受托代销成本，相关凭证见附件：业务 93-1。

(98) 31 日，结转销售原材料成本，相关凭证见附件：业务 94-1、业务 94-2。

(99) 31 日，计提长期借款利息，相关凭证见附件：业务 95-1。

(100) 31 日，支付办公用房(1#楼)分期款，相关凭证见附件：业务 96-1、业务 96-2。

(101) 31 日，承上题，摊销本年未确认融资费用，相关凭证见附件：业务 97-1。

(102) 31 日，收到分期收款额，相关凭证见附件：业务 98-1、业务 98-2。

(103) 31 日，承上题，摊销未实现融资收益，相关凭证见附件：业务 99-1。(实际利率为 8%)

(104) 31 日，支付新产品试验检测费，相关凭证见附件：业务 100-1、业务 100-2。

(105) 31 日，无形资产摊销，相关凭证见附件：业务 101-1。

(106) 31 日，核算交易性金融资产公允价值变动，相关凭证见附件：业务 102-1。

(107) 31 日，行政部报销办公费，相关凭证见附件：业务 102-1、业务 102-2。

(108) 31 日，销售商品，款项未收，相关凭证见附件：业务 104-1、业务 104-2、业务 104-3。

(109) 31 日，支付职工餐费，相关凭证见附件：业务 105-1、业务 105-2、业务 105-3。

(110) 31 日，支付顾问费，相关凭证见附件：业务 106-1 至业务 106-14。

(111) 31 日，分配结转发出周转材料成本，相关凭证见附件：业务 107-1 至业务 107-5。

(112) 31 日，分配本月职工薪酬，相关凭证见附件：业务 108-1、业务 108-2。

(113) 31 日，分配本月职工福利费，相关凭证见附件：业务 109-1、业务 109-2。

(114) 31 日，分配职工教育经费，相关凭证见附件：业务 110-1。

(115) 31 日，计提个人所得税，相关凭证见附件：业务 111-1。

(116) 31 日，计提本月折旧，相关凭证见附件：业务 112-1。

(117) 31 日，支付并分配水费，相关凭证见附件：业务 113-1、业务 113-2、业务 113-3。

(118) 31 日，支付并分配电费，相关凭证见附件：业务 114-1、业务 114-2、业务 114-3。

(119) 31 日，结转本月生产领用原材料成本，相关凭证见附件：业务 115-1 至业务 115-6。

(120) 31 日，分配并结转本月制造费用(制造费用需按明细结转)，相关凭证见附件：业务 116-1。

(121) 31 日，结转本月完工半成品成本，相关凭证见附件：业务 117-1 至业务 117-6。

(122) 31 日，不存在期初半成品，将直接入库的半成品作为下一步的材料，相关凭证见附件：业务 118-1、业务 118-2。

(123) 31 日，结转本月完工产品成本，相关凭证见附件：业务 119-1 至业务 119-7。

(124) 31 日，计算销售产品成本(单位成本保留两位小数，计算尾差计入期末存货成本)，相关凭证见附件：业务 120-1 至业务 120-9。

(125) 31 日，存货盘亏，相关凭证见附件：业务 121-1。

(126) 31 日，存货盘亏批准处理，相关凭证见附件：业务 122-1。

(127) 31 日，库存现金盘盈，相关凭证见附件：业务 123-1。

(128) 31 日，库存现金盘盈批准处理，相关凭证见附件：业务 124-1。

(129) 31 日，月末结转转让金融商品应交增值税。

(130) 31 日，计提坏账准备，相关凭证见附件：业务 126-1。

(131) 31 日，年末结转转让金融商品应交增值税。

(132) 31 日，转出未交增值税，相关凭证见附件：业务 128-1。

(133) 31 日，计提本月应交城市维护建设税与教育费附加、地方教育附加，相关凭证见附件：业务 129-1。

(134) 31 日，计提本年度房产税、车船使用税及土地使用税，相关凭证见附件：业务 130-1、业务 130-2。

(135) 31 日，收到存货盘亏赔偿款，相关凭证见附件：业务 131-1。

(136) 31 日，结转研发支出。

(137) 31 日，结转损益类(收入利得)账户(注：只填写总账科目，投资收益按净额结转)。

(138) 31 日，结转损益类(费用损失)账户(只填写总账科目，财务费用按净额结转)。

(139) 31 日，计提本年度所得税费用和应交所得税，相关凭证见附件：业务 135-1、业务 135-2。

(140) 31 日，结转所得税费用。

(141) 31 日，结转本年利润。

(142) 31 日，计提法定盈余公积，相关凭证见附件：业务 138-1。

(143) 31 日，结转利润分配明细账户余额。

(144) 据上述各项税费计算情况及涉税业务编制增值税纳税申报表、地方税费综合申报表、所得税申报表。

(145) 根据总账及明细账编制企业资产负债表、利润表、现金流量表所有者权益变动表及报表附注。

二、纳税申报

根据企业上述各项税费计算情况及涉税业务编制增值税纳税申报表(见表 5-1)，地方税(费)综合申报表(见表 5-2)，企业所得税年度纳税申报表(见表 5-3)。

表 5-1　增值税纳税申报表

增值税纳税申报表(适用于增值税一般纳税人)

根据国家税收法律法规及增值税相关规定制定本表。纳税人不论有无销售额，均应按税务机关核定的纳税期限填写本表，并向当地税务机关申报。

所属期限：2018-12-01 至 2018-12-31　　　填报日期：2019-01-15　　　金额单位：元至角分

纳税人识别号：913501060911083566　　　所属行业：

纳税人名称：福建客家工业科技有限公司　　法定代表人姓名：　　　　注册地址：

开户银行及账号：　　　　　　　　　　　　登记注册类型：　　　　　电话号码：

	项　目	栏次	一般项目		即征即退项目	
			本月数	本年累计	本月数	本年累计
销售额	(一)按适用税率计税销售额	1				
	其中：应税货物销售额	2				
	应税劳务销售额	3				
	纳税检查调整的销售额	4				
	(二)按简易办法计税销售额	5				
	其中：纳税检查调整的销售额	6				
	(三)免、抵、退办法出口销售额	7			—	—
	(四)免税销售额	8			—	—
	其中：免税货物销售额	9				
	免税劳务销售额	10				
税款计算	销项税额	11				
	进项税额	12				
	上期留抵税额	13			—	—
	进项税额转出	14				
	免、抵、退应退税额	15			—	—

续表

项　　目		栏次	一般项目		即征即退项目	
			本月数	本年累计	本月数	本年累计
税款计算	按适用税率计算的纳税检查应补缴税额	16			—	—
	应抵扣税额合计	17=12+13-14-15+16			—	—
	实际抵扣税额	18(如 17<11，则为 17，否则为 11)				
	应纳税额	19=11-18				
	期末留抵税额	20=17-18				
	简易计税办法计算的应纳税额	21				
	按简易计税办法计算的纳税检查应补缴税额	22			—	—
	应纳税额减征额	23				
	应纳税额合计	24=19+21-23				
税款缴纳	期初未缴税额(多缴为负数)	25				
	实收出口开具专用缴款书退税额	26				
	本期已缴税额	27=28+29+30+31				
	①分次预缴税额	28		—		—
	②出口开具专用缴款书预缴税额	29		—		—
	③本期缴纳上期应纳税额	30				
	④本期缴纳欠缴税额	31				
	期末未缴税额(多缴为负数)	32=24+25+26-27				
	其中：欠缴税额(≥0)	33=25+26-27				
	本期应补(退)税额	34=24-28-29		—		—
	即征即退实际退税额	35	—	—		
	期初未缴查补税额	36			—	—
	本期入库查补税额	37			—	—
	期末未缴查补税额	38=16+22+36-37			—	—

表 5-2 地方税(费)综合申报表

福建省地方税(费)综合申报表

电脑编码：　　　　　　　　主管税务机关：　　　　　　　　税管员：

纳税人名称(盖章)：福建客家工业科技有限公司　　　　　　　　金额单位：元

序号	税(费)种	税(费)目	税款所属时间	应税(费)金额或数量①	可扣除金额或数量②	计税(费)金额或数量③=①-②	适用税(费)率或单位税额(征收率)④	应纳税(费)款⑤=③×④	批准减免税(费)款⑥	已缴税(费)款⑦	应补(退)税(费)款⑧=⑤-⑥-⑦	备注
1												
2												
3												
4												
5												
6												
7												
8												
9												
合　计	—	—	—	—								
附：本期营业(销售)总额												

谨声明：此纳税(费)申报表是根据《中华人民共和国税收征收管理法》及其实施细则和国家有关税收规定填报的，是真实的、可靠的、完整的。

法定代表人或负责人：　　　　　　　　　　　办税员：

申报时间：　　　　　　年　　月　　日

本表一式两份，纳税人、税务机关各存一份。

填表说明：

(1) 本申报表适用于除专用纳税、缴费申报表外的地方税(费)申报。

(2) 税(费)种填写所申报的税(费)种，税(费)目填写税(费)种所对应的税目、子目。

(3) 应税(费)金额或数量填写所申报的税(费)种的全部应税收入或应税数量，可扣除金额或数量填写依照税法有关规定可以扣除的应税金额或数量。

(4) 适用税(费)率或单位税额(征收率)指按照税法规定适用的税率、单位税额或费率，或核定的征收率。

(5) 批准减免税(费)款指经税务机关审批或备案的减免税实际金额。

(6) 已缴税(费)款指已缴纳的税(费)款，应补(退)税(费)款指本次申报应补税(费)款或应退税(费)款。

(7) 本期营业(销售)总额指纳税人本申报期内所有的销售收入额和营业收入额的总和。
(8) 本表为 A4 横式。

表 5-3 企业所得税纳税申报表

中华人民共和国企业所得税年度纳税申报表(A 类)

行次	类别	项 目	金 额
1	利润总额计算	一、营业收入(填写 A101010\101020\103000)	
2		减：营业成本(填写 A102010\102020\103000)	
3		减：税金及附加	
4		减：销售费用(填写 A104000)	
5		减：管理费用(填写 A104000)	
6		减：财务费用(填写 A104000)	
7		减：资产减值损失	
8		加：公允价值变动收益	
9		加：投资收益	
10		二、营业利润(1-2-3-4-5-6-7+8+9)	
11		加：营业外收入(填写 A101010\101020\103000)	
12		减：营业外支出(填写 A102010\102020\103000)	
13		三、利润总额(10+11-12)	
14	应纳税所得额计算	减：境外所得(填写 A108010)	
15		加：纳税调整增加额(填写 A105000)	
16		减：纳税调整减少额(填写 A105000)	
17		减：免税、减计收入及加计扣除(填写 A107010)	
18		加：境外应税所得抵减境内亏损(填写 A108000)	
19		四、纳税调整后所得(13-14+15-16-17+18)	
20		减：所得减免(填写 A107020)	
21		减：弥补以前年度亏损(填写 A106000)	
22		减：抵扣应纳税所得额(填写 A107030)	
23		五、应纳税所得额(19-20-21-22)	
24	应纳税额计算	税率(25%)	
25		六、应纳所得税额(23×24)	
26		减：减免所得税额(填写 A107040)	
27		减：抵免所得税额(填写 A107050)	

续表

行次	类别	项　　目	金　额
28	应纳税额计算	七、应纳税额(25-26-27)	
29		加：境外所得应纳所得税额(填写 A108000)	
30		减：境外所得抵免所得税额(填写 A108000)	
31		八、实际应纳所得税额(28+29-30)	
32		减：本年累计实际已缴纳的所得税额	
33		九、本年应补(退)所得税额(31-32)	
34		其中：总机构分摊本年应补(退)所得税额(填写 A109000)	
35		财政集中分配本年应补(退)所得税额(填写 A109000)	
36		总机构主体生产经营部门分摊本年应补(退)所得税额(填写 A109000)	

三、报表编制

(一)资产负债表的编制

根据企业期初财务数据和12月发生的经济业务编制福建客家工业科技有限公司的资产负债表。如表5-4所示。

表5-4　资产负债表

资产负债表

编制单位：福建客家工业科技有限公司　　2018 年 12 月 31 日　　　　　　　　单位：元

资　产	期末余额	年初余额	负债和所有者权益	期末余额	年初余额
流动资产：			流动负债：		
货币资金			短期借款		
交易性金融资产			交易性金融负债		
应收票据			应付票据		
应收账款			应付账款		
预付账款			预收账款		
应收利息			应付职工薪酬		
应收股利			应交税费		
其他应收款			应付利息		
存货			应付股利		
持有待售资产			其他应付款		
一年内到期的非流动资产			持有待售负债		

续表

资产	期末余额	年初余额	负债和所有者权益	期末余额	年初余额
其他流动资产			一年内到期的非流动负债		
流动资产合计			其他流动负债		
非流动资产：			流动负债合计		
可供出售金融资产			非流动负债：		
持有至到期投资			长期借款		
长期应收款			应付债券		
长期股权投资			长期应付款		
投资性房地产			专项应付款		
固定资产			预计负债		
在建工程			递延所得税负债		
工程物资			其他非流动负债		
固定资产清理			非流动负债合计		
生产性生物资产			负债合计		
油气资产			所有者权益：		
无形资产			实收资本		
开发支出			资本公积		
商誉			减：库存股		
长期待摊费用			其他综合收益		
递延所得税资产			盈余公积		
其他非流动资产			未分配利润		
非流动资产合计			所有者权益合计		
资产总计			负债和所有者权益总计		

(二)利润表的编制

根据企业期初财务数据和 12 月发生的经济业务编制福建客家工业科技有限公司的利润表。如表 5-5 所示。

表 5-5 利润表

利润表

编制单位：福建客家工业科技有限公司　　　　2018 年度　　　　　　　　　　　　单位：元

项　目	本期金额	上期金额
一、营业收入		
减：营业成本		
税金及附加		
销售费用		

续表

项　　目	本期金额	上期金额
管理费用		
财务费用(收益以"－"填列)		
资产减值损失		
加：公允价值变动净收益(损失以"－"填列)		
投资收益(损失以"－"填列)		
资产处置收益(损失以"－"填列)		
其他收益		
二、营业利润(亏损以"－"填列)		
加：营业外收入		
减：营业外支出		
其中：非流动资产处置净损失		
三、利润总额		
减：所得税费用		
四、净利润(净亏损以"－"填列)		
(一)持续经营净利润(净亏损以"－"填列)		
(二)终止经营净利润(净亏损以"－"填列)		
五、每股收益		
(一)基本每股收益		
(二)稀释每股收益		
六、其他综合收益		
七、综合收益总额		

(三)现金流量表的编制

根据企业期初财务数据和12月发生的经济业务编制福建客家工业科技有限公司的现金流量表。如表5-6所示。

表5-6　现金流量表

现金流量表

编制单位：福建客家工业科技有限公司　　　　2018年度　　　　　　　　　　单位：元

项　　目	本年金额
一、经营活动产生的现金流量：	
销售商品、提供劳务收到的现金	
收到的税费返还	
收到的其他与经营活动有关的现金	
经营活动现金流入小计	

续表

项　目	本年金额
购买商品、接受劳务支付的现金	
支付给职工以及为职工支付的现金	
支付的各项税费	
支付的其他与经营活动有关的现金	
经营活动现金流出小计	
经营活动产生的现金流量净额	
二、投资活动产生的现金流量：	
收回投资所收到的现金	
取得投资收益所收到的现金	
处置固定资产、无形资产和其他长期资产收回的现金净额	
收到的其他与投资活动有关的现金	
投资活动现金流入小计	
购建固定资产、无形资产和其他长期资产所支付的现金	
投资所支付的现金	
支付的其他与投资活动有关的现金	
投资活动现金流出小计	
投资活动产生的现金流量净额	
三、筹资活动产生的现金流量：	
吸收投资收到的现金	
取得借款收到的现金	
收到的其他与筹资活动有关的现金	
筹资活动现金流入小计	
偿还债务所支付的现金	
分配股利、利润或偿还利息所支付的现金	
支付的其他与筹资活动有关的现金	
筹资活动现金流出小计	
筹资活动产生的现金流量净额	
四、汇率变动对现金的影响	
五、现金及现金等价物净增加额	
加：期初现金及现金等价物余额	
六、期末现金及现金等价物余额	

(四)所有者权益变动表的编制

根据企业期初财务数据和 12 月发生的经济业务编制福建客家工业科技有限公司的所有者权益变动表。如表 5-7 所示。

表 5-7 所有者权益变动表

所有者权益变动表

编制单位：福建客家工业科技有限公司　　　　2018 年度　　　　　　　　　　单位：元

项　　目	本年金额					上年金额				
	实收资本(或股本)	资本公积	减:库存股	盈余公积	未分配利润	所有者权益合计	实收资本(或股本)	资本公积	减:库存股	盈余公积	未分配利润	所有者权益合计
一、上年年末余额												
加：会计政策变更												
前期差错更正												
二、本年年初余额												
三、本年增减变动金额(减少以"－"填列)												
(一)净利润												
(二)直接计入所有者权益的利得和损失												
1.可供出售金融资产公允价值变动净额												
2.权益法下被投资单位其他所有者权益变动的影响												
3.与计入所有者权益项目有关的所得税影响												
4.其他												
上述(一)和(二)小计												
(三)所有者投入和减少资本												
1.所有者投入资本												
2.股份支付计入所有者权益的金额												
3.其他												
(四)利润分配												
1.提取盈余公积												
2.对所有者(或股东)的分配												
3.其他												

续表

项目	本年金额					上年金额				
	实收资本(或股本)	资本公积	减:库存股	盈余公积	未分配利润	所有者权益合计	实收资本(或股本)	资本公积	减:库存股	盈余公积	未分配利润	所有者权益合计
(五)所有者权益内部结转										
1.资本公积转增资本(或股本)										
2.盈余公积转增资本(或股本)										
3.盈余公积弥补亏损										
4.其他										
四、本年年末余额										

(五)财务报表附注的编制

根据企业基本情况、业务情况、期初财务数据和12月发生的经济业务编制福建客家工业科技有限公司的财务报表附注。如表5-8所示。

表5-8 财务报表附注

财务报表附注

(以下金额单位若未特别注明均为人民币元)

一、公司的基本情况

(一)基本情况

公司名称：福建客家工业科技有限公司

注册资本：1 200.00万元

法定代表人：陈文一

……

二、财务报表的编制基础

(一)编制基础

公司以持续经营为基础，根据实际发生的交易和事项，按照《企业会计准则——基本准则》和其他各项具体会计准则、应用指南、准则解释及其他相关规定(以下合称企业会计准则)进行确认和计量，编制财务报表。

(二)持续经营

公司自本报告期末起至少12个月内具备持续经营能力，无影响持续经营能力的重大事项。

三、公司重要会计政策及会计估计

(一)遵循企业会计准则的声明

公司编制的财务报表符合企业会计准则的要求，真实、完整地反映了公司的财务状况、经营成果和现金流量等有关信息。

续表

(二)会计期间
公司会计年度自公历每年1月1日起至12月31日止。
(三)营业周期
……
……
四、税项
……
五、财务报表主要项目注释
(一)货币资金
……
(二)应收账款
……
(三)预付款项
……
……
六、承诺及或有事项
(一)重要承诺事项
……
(二)或有事项
……
七、资产负债表日后事项
……
八、其他重要事项
……

四、财务会计指标分析

(一)偿债能力指标分析

具体指标	计算公式	
(1)流动比率	流动资产/流动负债	
(2)速动比率	速动资产/流动负债	
(3)现金比率	(货币资金+交易性金融资产)/流动负债	
(4)资产负债率	负债总额/资产总额×100%	
(5)产权比率	负债总额/所有者权益总额	
(6)权益乘数	总资产/股东权益	
(7)长期资本负债率	非流动负债/(非流动负债+股东权益)	
(8)利息保障倍数	息税前利润/利息费用=(净利润+利息费用+所得税费用)/利息费用	

指标具体说明：上述指标未特别指出均用期末数计算；速动资产=货币资金+交易性金融资产+应收账款+应收票据+应收股利+应收利息；利息费用以利润表中的财务费用为准。

(二)营运能力指标分析

具体指标	计算公式	
(1)存货周转率(周转次数)	营业成本/平均存货余额	
(2)应收账款周转率(周转次数)	营业收入/平均应收账款余额	
(3)流动资产周转率(周转次数)	营业收入/平均流动资产	
(4)营运资本周转率(周转次数)	营业收入/营运资本	
(5)总资产周转率	营业收入/平均总资产	

指标具体说明：平均存货余额=(存货余额期初数+存货余额期末数)÷2；
存货是资产负债表中扣除存货跌价准备后的余额。
平均应收账款余额=(应收账款余额期初数+应收账款余额期末数)÷2；
公式中的应收账款包括会计核算中"应收账款"和"应收票据"等全部赊销账款在内；
公式中的应收账款和应收票据是资产负债表中扣除坏账准备后的金额。
以利润表中的当期营业收入和资产负债表中的流动资产期初数和期末数的平均值。
营运资本=流动资产-流动负债；
流动资产和流动负债均按期初、期末平均值计算。
总资产为资产负债表中的期初、期末总资产的平均数。

(三)盈利能力指标分析

具体指标	计算公式	
(1)营业净利率	(净利润/营业收入)×100%	
(2)总资产净利率	(净利润/总资产)×100%	
(3)权益净利率	(净利润/平均股东权益)×100%	
(4)总资产报酬率	息税前利润总额/平均总资产×100%	
(5)净资产收益率	净利润/平均净资产×100%	

指标具体说明：净利润为利润表当期净利润，总资产为资产负债表期初、期末总资产的平均数；
净利润为利润表当期净利润，股东权益为资产负债表期初、期末股东权益的平均值；
息税前利润总额=利润总额+利息支出=净利润+所得税费用+利息支出；
平均总资产=(资产总额期初数+资产总额期末数)÷2；
利息支出为当期利润表中的财务费用；
平均净资产=(所有者权益期初数+所有者权益期末数)÷2。

实训六

信息化会计业务处理

一、实训目的

经过前期的手工账实训,学生已大致了解了会计业务处理流程,掌握了会计核算的基本方法及技能。在实际工作中,大部分企业已实现会计信息化,使用财务软件进行会计处理,不仅提高了会计工作效率,而且提高了企业会计信息化管理水平。因此,我们在手工核算的基础上,依据同一资料进行电算化操作实训,不仅可以使学生了解和掌握财务软件的操作流程、操作技巧,达到熟练使用财务软件进行会计处理的目的;同时,可以将手工核算与电算化处理结果进行相互对比,及时发现和调整手工核算过程中可能发生的各种错误,提高会计核算资料的准确性。在电算化实训中,我们采用用友 U8 财务软件及金蝶财务软件分别进行实践操作,让学生对比不同的财务软件操作,掌握会计电算化处理的相同原理。具体实现以下目的。

(1) 掌握两种通用财务软件的操作流程及操作技巧;
(2) 掌握在财务软件中如何建账、设置操作人员及权限;
(3) 掌握财务软件初始化、填制、审核凭证、出纳签字、凭证记账、结账;
(4) 掌握各种账簿的生成及查询;
(5) 掌握财务报表模板的使用及编制。

二、账套期初数据

1. 操作人员及权限

操作人员及权限见表 6-1。

表 6-1 操作人员及权限表

编码	姓名	隶属部门	职务	操作分工
A01	孙敏	财务部	会计主管	账套主管
W01	陈小梅	财务部	会计员	拥有"公用目录设置"的所有权限及"总账"中除"审核""记账"以外的所有权限
W02	林巧巧	财务部	出纳	总账中出纳、出纳签字

2. 建账信息

账套号:111
账套名称:福建客家工业科技有限公司
账套路径:默认
启用会计期:2018 年 12 月
单位名称:福建客家工业科技有限公司
本币名称:人民币
企业类型:工业

行业性质：有限责任公司

按行业性质预设科目：2007年新会计制度科目

账套主管选择自己新增加的操作员：A01 孙敏

存货、供应商和客户无分类、无外币核算

科目编码方案修改为：4-2-2-2

3. 部门档案

部门编码及名称见表6-2。

表6-2 部门编码及名称表

部门编码	部门名称
1	行政部
2	财务部
3	采购部
4	销售部
5	生产车间
6	仓管部

4. 人员档案

人员档案见表6-3。

表6-3 人员档案表

人员编码	人员姓名	性别	人员类别	行政部门	是否业务员	业务或费用部门
0101	陈文一	男	在职正式工	行政部	是	行政部
0102	李伟	男	在职正式工	行政部	是	行政部
0103	刘晓萌	女	在职正式工	行政部	是	行政部
0104	李玲	女	在职正式工	行政部	是	行政部
0201	孙敏	女	在职正式工	财务部	是	财务部
0202	郑灿	男	在职正式工	财务部	是	财务部
0203	陈小梅	女	在职正式工	财务部	是	财务部
0204	林巧巧	女	在职正式工	财务部	是	财务部
0301	潘山林	男	在职正式工	采购部	是	采购部
0302	林卫东	男	在职正式工	采购部	是	采购部
0401	谢皖	男	在职正式工	销售部	是	销售部
0402	刘晓亮	男	在职正式工	销售部	是	销售部
0403	李志明	男	在职正式工	销售部	是	销售部
0501	秦泵	男	在职正式工	生产车间	是	生产车间
0502	曾灿	男	在职正式工	生产车间	是	生产车间

续表

人员编码	人员姓名	性别	人员类别	行政部门	是否业务员	业务或费用部门
0503	徐志峰	男	在职正式工	生产车间	是	生产车间
0504	汤忠清	男	在职正式工	生产车间	是	生产车间
0601	张新州	男	在职正式工	仓管部	是	仓管部

5. 供应商档案

供应商档案见表 6-4。

表 6-4 供应商档案表

供应商编码	供应商名称	供应商简称	税 号	开户银行	账 号
001	福州硕泰金属回收有限公司	福州硕泰	913501044759644984	中国工商银行福州连江区支行	350001830287462013368
002	湖北方大重型机器有限公司	湖北方大	913601056786788909	中国工商银行武汉洪山支行	410001845677462045123
003	江西鼎鑫铸造有限公司	江西鼎鑫	913401089546789613	中国工商银行江西支行	41002049052486157329
004	浙江温州华大铜业有限公司	浙江温州华大	913301018937352316	交通银行浙江温州支行	330001930287462012366
005	广州兴富机械有限公司	广州兴富	913801047345876346	中国工商银行广州花都支行	41006219384017529610
006	上海金水实业有限公司	上海金水	913101024759644984	中国工商银行上海青浦支行	41004446453959524317
007	福建华欣器材有限公司	福建华欣	913501150435476285	交通银行福州台江支行	310017252025425522017
008	福建华鹏有限公司	福建华鹏	913501018937352448	交通银行福州仓山支行	110002069052786280577

6. 客户档案

客户档案见表 6-5。

表 6-5 客户档案表

客户编码	客户名称	客户简称	税 号	开户银行	账 号
001	福建东威汽车有限公司	福建东威	913701045643454555	交通银行福建仓山支行	35003651530388650026
002	湖南中瑞汽车有限公司	湖南中瑞	914301060911083566	交通银行湖南长沙支行	430053471005621903477

续表

客户编码	客户名称	客户简称	税 号	开户银行	账 号
003	江苏怡玖汽车有限公司	江苏怡玖	913460101454666633	交通银行江苏南京支行	320002049057726289089
004	上海康智汽车有限公司	上海康智	913390105839555535	交通银行黄浦区支行	31003651530388650026
005	福建科勒有限公司	福建科勒	913501055041290346	交通银行福州五一支行	35005347100562190348
006	福建永源批发有限公司	福建永源	913501015402345643	中国工商银行福州五一支行	0200345465533122453
007	辉门中国有限公司	辉门中国	913501055041290396	交通银行福州台江支行	350053471005634862190
008	嘉兴渥誉贸易有限公司	嘉兴渥誉	913301055041290987	交通银行浙江嘉兴支行	330053471005621905689
009	上海嘉智汽车有限公司	上海嘉智	91310108937564556	交通银行上海台江支行	310053471005469766777
010	上海三都汽车有限公司	上海三都	913101041251308396	交通银行上海徐汇支行	650488880000357375
011	福建诚运有限公司	福建诚运	913501054354345555	中国工商银行福州五一支行	3500334555558765677
012	福建自动化工程设备有限公司	福建自动化	913501078842784191	中国工商银行福州台江支行	41004693095598680229

7. 凭证类别

凭证类别见表6-6。

表6-6 凭证类别表

凭证类别	限制科目
记账凭证	无限制

8. 结算方式

结算方式名称及编码见表6-7。

表6-7 结算方式名称及编码表

结算方式编码	结算方式名称
1	现金
2	支票
201	现金支票

续表

结算方式编码	结算方式名称
202	转账支票
3	银行汇票
4	商业汇票
401	银行承兑汇票
402	商业承兑汇票
5	电汇
6	同城特约委托收款
7	委托收款
8	托收承付
9	其他

9. 会计科目及期初余额

会计科目及期初余额见表 6-8 至表 6-14。

表 6-8 会计科目名称与期初数表   单位：元

科目名称	方向	计量	年初余额	累计借方	累计贷方	期初余额
库存现金(1001)	借		3 000	30 000	8 000	25 000
银行存款(1002)	借		2 184 433.88	35 193 038	32 028 953.85	5 348 518.03
建设银行福州五一支行(100201)	借		1 821 756	34 987 350	31 988 906.62	4 820 199.38
交通银行福州湖滨支行(100202)	借		362 677.88	205 688	40 047.23	528 318.65
其他货币资金(1012)	借		2 000 000	200 000	200 000	2 000 000
存出投资款(101201)	借		2 000 000	200 000	200 000	2 000 000
银行汇票存款(101202)	借					
交易性金融资产(1101)	借			15 220 000	15 220 000	
成本(110101)	借			15 000 000	15 000 000	
公允价值变动(110102)	借			220 000	220 000	
应收票据(1121)	借		1 100 000	1 300 000	2 055 000	345 000
应收账款(1122)	借		3 429 990.83	4 800 000	4 300 150.83	3 929 840
预付账款(1123)	借		88 750	200 000	23 1150	57 600
其他应收款(1221)	借		11 000	105 000	95 500	20 500
个人(122101)	借		11 000	105 000	95 500	20 500
社保局(122102)	借					
坏账准备(1231)	贷		4 619.63	153 456	152356	3 519.63

续表

科目名称	方向	计量	年初余额	累计借方	累计贷方	期初余额
在途物资(1402)	借			5 220 800	5 220 800	
废钢(140201)	借			5 200 000	5 200 000	
	借	千克		2 000 000	2 000 000	
紫铜(140202)	借					
	借	千克				
磷铁(140203)	借			16 800	16 800	
	借	千克		8 000	8 000	
铸造铁(140204)	借					
	借	千克				
锡粒(140205)	借			4 000	4 000	
	借	千克		50	50	
水泥(140206)	借					
	借	千克				
原材料(1403)	借		2 619 865	6 938 500	7 152 800	2 405 565
废钢(140301)	借		910 000	4 680 000	4 810 000	780 000
	借	千克	350 000	1 800 000	1 850 000	300 000
紫铜(140302)	借		1 053 200	423 000	380 700	1 095 500
	借	千克	24 000	10 000	9 000	25 000
磷铁(140303)	借		20 970	16 800	15 750	22 020
	借	千克	7 500	8 000	7 500	8 000
铸造铁(140304)	借		286 000	780 000	832 000	234 000
	借	千克	110 000	300 000	320 000	90 000
锡粒(140305)	借		13 600	8 000	8 800	12 800
	借	千克	170	100	110	160
增碳剂(140306)	借		120 900	392 000	420 000	92 900
	借	千克	43 000	140 000	150 000	33 000
孕育剂(140307)	借		177 375	535 500	573 750	139 125
	借	千克	23 000	70 000	75 000	18 000
膨润土(140308)	借		37 820	103 200	111 800	29 220
	借	千克	45 000	120 000	130 000	35 000
库存商品(1405)	借		3 571 880	27 179 200	27 675 200	3 075 880
汽车缸套(140501)	借		2 841 800	11 388 000	11 826 000	2 403 800
	借	个	65 000	260 000	270 000	55 000

续表

科目名称	方向	计量	年初余额	累计借方	累计贷方	期初余额
汽车轴承支架(140502)	借		730 080	2 784 000	2 842 000	672 080
	借	个	2 268 000	240 000	2 450 000	58 000
半成品(汽车缸套毛坯)(140503)	借			10 847 200	10 847 200	
	借	个		260 000	260 000	
半成品(汽车轴承支架毛坯)(140504)	借			2 160 000	2 160 000	
	借	个		240 000	240 000	
发出商品(1406)	借			2 190 000	2 190 000	
委托代销商品(140601)	借			2 190 000	2 190 000	
汽车缸套(14060101)	借			2 190 000	2 190 000	
	借	个		50 000	50 000	
周转材料(1411)	借		100 500	615 000	654 000	61 500
短皮手套(141101)	借		5 000	30 000	32 000	3 000
	借	套	500	3 000	3 200	300
防尘口罩(141102)	借		2 500	15 000	16 000	1 500
	借	个	500	3 000	3 200	300
梅花扳手1719(141103)	借		6 000	20 000	24 000	2 000
	借	把	300	1 000	1 200	100
美工刀(141104)	借		3 000	10 000	12 000	1 000
	借	把	300	1 000	1 200	100
刀具(141105)	借		28 000	180 000	190 000	18 000
	借	把	1 400	9 000	9 500	900
砂轮(141106)	借		14 000	90 000	95 000	9 000
	借	个	1 400	9 000	9 500	900
油类(141107)	借		42 000	270 000	285 000	27 000
	借	桶	1 400	9 000	9 500	900
受托代销商品(1431)	借					
火花塞(143101)	借					
	借	个				
其他权益工具投资(1503)	借			1 500 000	1 500 000	
成本(150301)	借			1 500 000	1 500 000	
大豪科技(15030101)	借					
上海宏发(15030102)	借			1 500 000	1 500 000	

续表

科目名称	方向	计量	年初余额	累计借方	累计贷方	期初余额
长期股权投资(1511)	借					
成本(151101)	借					
东方公司(15110101)	借					
长期股权投资减值准备(1512)	贷					
投资性房地产(1521)	借					
成本(152101)	借					
长期应收款(1531)	借		2 400 000			2 400 000
未实现融资收益(1532)	贷		483 504			483 504
固定资产(1601)	借		6 480 411	455 789	386 600	6 549 600
房屋及建筑物(160101)	借		3 340 811	455 789	356 600	3 440 000
管理设备(160102)	借		133 000		30 000	103 000
生产设备(160103)	借		2 750 000			2 750 000
运输设备(160104)	借		256 600			256 600
累计折旧(1602)	贷		616 812	355 467	504 000	765 345
在建工程(1604)	借		2 500 000	1 300 000		3 800 000
皮带机-550(160401)	借					
1 号厂房(160402)	借					
2 号厂房(160403)	借		830 150	800 000		1 630 150
3 号厂房(160404)	借					
5 号厂房(160405)	借		1 669 850	500 000		2 169 850
固定资产清理(1606)	借			56 000	56 000	
无形资产(1701)	借		4 980 000	20 000		5 000 000
非专利技术(170101)	借					
商标权(170102)	借		20 000			20 000
土地使用权(170103)	借		4 800 000			4 800 000
专利权(170104)	借		160 000	20 000		180 000
累计摊销(1702)	贷		1 116 850		167 350	1 284 200
递延所得税资产(1811)	借		253 333.56			253 333.56
待处理财产损溢(1901)	借			300	300	
待处理流动资产损益(190101)	借			300	300	
短期借款(2001)	贷		1 500 000	1 500 000	500 000	500 000
应付账款(2202)	贷		2 349 180	2 300 000	2 121 020	2 170 200
预收账款(2203)	贷		379 226.14	279 226.14		100 000

续表

科目名称	方向	计量	年初余额	累计借方	累计贷方	期初余额
应付职工薪酬(2211)	贷		487 530.17	5 783 226.65	5 857 251.05	561 554.57
短期薪酬(221101)	贷		444 263.49	5 209 676.65	5 261 101.05	495 687.89
工资(22110101)	贷		375 641.88	4 312 902.8	4 348 177.2	410 916.28
医疗保险(22110102)	贷		28 066	305 700	310 900	33 266
工伤保险(22110103)	贷		975.32	9 780	9 470	665.32
生育保险(22110104)	贷		1 661.28	28 780	29 780	2 661.28
住房公积金(22110105)	贷		30 419.2	258 500	268 000	39 919.2
工会经费(22110106)	贷		7 499.81	21 780	22 540	8 259.81
职工教育经费(22110107)	贷			51 233.85	51 233.85	
职工福利费(22110108)	贷			221 000	221 000	
离职后福利(221102)	贷		43 266.68	573 550	596 150	65 866.68
失业保险(22110201)	贷		2 061.28	58 750	59 350	2 661.28
养老保险(22110202)	贷		41 205.4	514 800	536 800	63 205.4
应交税费(2221)	贷		1 036 540.75	6 891 309.41	5 532 458.96	-322 309.7
应交增值税(222101)	贷			4 878 800	4 878 800	
进项税额(22210101)	贷			4 265 368	4 265 368	
销项税额(22210102)	贷			-4 828 800	4 828 800	
进项税额转出(22210103)	贷					
转出未交增值税(22210104)	贷			613 432	613 432	
简易计税(22210105)	贷			-50 000	50 000	
转让金融商品应交增值税(22210106)	贷					
未交增值税(222102)	贷		42 550.45	368 706.28	482 955.83	156 800
应交个人所得税(222103)	贷		2 074.3	9 811.23	9 811.23	2 074.3
应交企业所得税(222104)	贷		973 100	1 569 500	96 400	-500 000
应交土地增值税(222105)	贷					
应交城市维护建设税(222106)	贷		10 976	40 085.82	40 085.82	10 976
应交教育费附加(222107)	贷		4 704	20 680.09	20 680.09	4 704
应交地方教育附加(222108)	贷		3 136	3 725.99	3 725.99	3 136
待抵扣进项税(222109)	贷					
应交房产税(222110)	贷					
应交车船使用税(222111)	贷					
应交土地使用税(222112)	贷					

续表

科目名称	方向	计量	年初余额	累计借方	累计贷方	期初余额
应付利息(2231)	贷			152 336	152 336	
建设银行福州五一支行(223101)	贷			152 336	152 336	
其他应付款(2241)	贷			22 000	22 000	
房屋押金(224101)	贷			22 000	22 000	
代销商品款(2314)	贷					
长期借款(2501)	贷		3 000 000	2 000 000		1 000 000
建设银行福州五一支行(250101)	贷		3 000 000	2 000 000		1 000 000
长期应付款(2701)	贷		2 700 000			2 700 000
福州链家地产有限公司(270101)	贷		2 700 000			2 700 000
未确认融资费用(2702)	借		461 818.8			461 818.8
递延所得税负债(2901)	贷		115 454.7			115 454.7
实收资本(4001)	贷		12 000 000			12 000 000
陈文一(400101)	贷		7 000 000			7 000 000
林新生(400102)	贷		3 000 000			3 000 000
福建新能投资发展有限公司(400103)	贷		2 000 000			2 000 000
资本公积(4002)	贷		1 000 000			1 000 000
资本溢价(400201)	贷		1 000 000			1 000 000
其他综合收益(4003)	贷					
盈余公积(4101)	贷		521 500			521 500
法定盈余公积(410101)	贷		521 500			521 500
任意盈余公积(410102)	贷					
本年利润(4103)	贷			22 838 387.37	30 642 477.88	7 804 090.51
利润分配(4104)	贷		5 191 032			5 191 032
提取法定盈余公积(410401)	贷					
提取任意盈余公积(410402)	贷					
未分配利润(410403)	贷		5 191 032			5 191 032
生产成本(5001)	借		317 266.32	26 454 274	26 627 605	143 935.32
汽车缸套(500101)	借		185 372.73	11 351 860	11 461 560	75 672.73
直接材料(50010101)	借		91 720	10 012 480	10 034 480	69 720
直接人工(50010102)	借		24 245.8	804 580	824 580	4 245.8

续表

科目名称	方向	计量	年初余额	累计借方	累计贷方	期初余额
制造费用(50010103)	借		69 406.93	534 800	602 500	1 706.93
汽车缸套毛坯(500102)	借		36 507.67	10 306 180	10 303 300	39 387.67
直接材料(50010201)	借		10 116.75	6 256 000	6 244 500	21 616.75
直接人工(50010202)	借		3 487.94	2 025 680	2 024 800	4 367.94
制造费用(50010203)	借		22 902.98	2 024 500	2 034 000	13 402.98
汽车轴承支架(500103)	借		80 007.57	2 728 506	2 790 545	17 968.57
直接材料(50010301)	借		71 430	2 026 750	2 083 450	14 730
直接人工(50010302)	借		2 856.2	117 658	120 000	514.2
制造费用(50010303)	借		5 721.37	584 098	587 095	2 724.37
汽车轴承支架毛坯(500104)	借		15 378.35	2 067 728	2 072 200	10 906.35
直接材料(50010401)	借		7 986.02	1 076 328	1 080 000	4 314.02
直接人工(50010402)	借		2 527.56	485 500	486 000	2 027.56
制造费用(50010403)	借		4 864.77	505 900	506 200	4 564.77
制造费用(5101)	借			3 649 298	3 649 298	
机加工车间(510101)	借			1 178 374	1 178 374	
材料费(51010101)	借			204 000	204 000	
水电费(51010102)	借			672 380	672 380	
折旧费(51010103)	借			55 200	55 200	
职工福利费(51010104)	借			6 000	6 000	
职工教育经费(51010105)	借			48 000	48 000	
职工薪酬(51010106)	借			192 794	192 794	
铸造车间(510102)	借			2 470 924	2 470 924	
材料费(51010201)	借			411 000	411 000	
水电费(51010202)	借			1 534 970	1 534 970	
折旧费(51010203)	借			247 200	247 200	
职工福利费(51010204)	借			8 000	8 000	
职工教育经费(51010205)	借			48 000	48 000	
职工薪酬(51010206)	借			221 754	221 754	
劳务成本(5201)	借					
研发支出(5301)	借			500 000	500 000	
资本化支出(530101)	借					
费用化支出(530102)	借			500 000	500 000	
主营业务收入(6001)	贷			29 831 200	29 831 200	
汽车缸套(600101)	贷			21 778 500	21 778 500	

续表

科目名称	方向	计量	年初余额	累计借方	累计贷方	期初余额
汽车轴承支架(600102)	贷			4 802 700	4 802 700	
委托代销商品(600103)	贷			3 250 000	3 250 000	
汽车缸套(60010301)	贷			3 250 000	3 250 000	
其他业务收入(6051)	贷			348 800	348 800	
房屋租金(605101)	贷			108 800	108 800	
锡粒(605102)	贷					
劳务收入(605103)	贷			240 000	240 000	
代销手续费(605104)	贷					
汇兑损益(6061)	贷					
公允价值变动损益(6101)	贷			220 000	220 000	
资产处置损益(6102)	贷					
投资收益(6111)	贷			450 000	450 000	
营业外收入(6301)	贷			30 000	30 000	
主营业务成本(6401)	借			19 483 900	19 483 900	
汽车缸套(640101)	借			13 456 000	13 456 000	
汽车轴承支架(640102)	借			3 027 900	3 027 900	
委托代销商品(640103)	借			3 000 000	3 000 000	
汽车缸套(64010301)	借			3 000 000	3 000 000	
其他业务成本(6402)	借					
税金及附加(6403)	借			64 491.9	64 491.9	
城市维护建设税(640301)	借			40 085.82	40 085.82	
教育费附加(640302)	借			20 680.09	20 680.09	
地方教育费附加(640303)	借			3 725.99	3 725.99	
房产税(640304)	借					
车船使用税(640305)	借					
土地使用税(640306)	借					
销售费用(6601)	借			1 384 900	1 384 900	
差旅费(660101)	借			65 000	65 000	
广告费(660102)	借			500 000	500 000	
水电费(660103)	借			94 100	94 100	
折旧费(660104)	借			5 000	5 000	
汽油费(660105)	借			30 000	30 000	
运费(660106)	借			100 000	100 000	
职工福利费(660107)	借			26 800	26 800	

续表

科目名称	方向	计量	年初余额	累计借方	累计贷方	期初余额
职工教育经费(660108)	借			18 000	18 000	
职工薪酬(660109)	借			221 000	221 000	
代销手续费(660110)	借			325 000	325 000	
管理费用(6602)	借			1 592 777.28	1 592 777.28	
办公费(660201)	借			38 076.58	38 076.58	
差旅费(660202)	借			61 856.18	61 856.18	
顾问费(660203)	借			73 194	73 194	
水电费(660204)	借			143 960	143 960	
通信费(660205)	借			13 878.53	13 878.53	
无形资产摊销(660206)	借			142 187.07	142 187.07	
研发支出(660207)	借			26 941.27	26 941.27	
验资费(660208)	借			20 000	20 000	
招待费(660209)	借			36 787.62	36 787.62	
折旧费(660210)	借			171 024.79	171 024.79	
职工福利费(660211)	借			57 800	57 800	
职工教育经费(660212)	借			34 569	34 569	
职工薪酬(660213)	借			672 502.24	672 502.24	
汽车保养费(660214)	借			5 000	5 000	
审计费(660215)	借					
修理费(660216)	借			25 000	25 000	
清理费(660217)	借			1 200	1 200	
物业管理费(660218)	借			8 800	8 800	
咨询费(660219)	借			60 000	60 000	
财务费用(6603)	借			132 340.31	132 340.31	
利息收入(660301)	借			-65 547.83	-65 547.83	
利息支出(660302)	借			191 306.14	191 306.14	
手续费(660303)	借			6 582	6 582	
资产减值损失(6701)	借			105 000	105 000	
营业外支出(6711)	借			312 500	312 500	

表 6-9 应收票据期初余额明细   单位：元

日期	客户	方向	累计借方发生额	累计贷方发生额	期初余额
2018-11-16	福建东威	借	300 000	605 000	95 000
2018-9-10	江苏怡玖	借	1 000 000	1 450 000	250 000

表 6-10 应收账款期初余额明细 　　　　　　　　　　　　　　　　单位：元

日　期	客　户	方　向	累计借方发生额	累计贷方发生额	期初余额
2018-11-28	湖南中瑞	借	800 000	1 000 000	1 000 000
2018-10-30	上海康智	借	2 000 000	660 000	2 340 000
2018-11-26	福建永源	借	1 500 000	2 140 150.83	50 000
2018-11-20	上海嘉智	借	500 000	500 000	539 840

表 6-11 预付账款期初余额明细 　　　　　　　　　　　　　　　　单位：元

日　期	供应商	方　向	累计借方发生额	累计贷方发生额	期初余额
2018-11-30	浙江温州华大	借	200 000	231 150	57 600

表 6-12 其他应收款——个人期初余额明细 　　　　　　　　　　　　单位：元

日　期	部　门	个　人	方　向	累计借方发生额	累计贷方发生额	期初余额
2018-11-12	行政部	陈文一	借	105 000	95 500	7 000
2018-11-14	行政部	李伟	借			3 000
2018-11-28	销售部	谢皖	借			6 000
2018-11-30	生产车间	秦泵	借			4 500

表 6-13 应付账款期初余额明细 　　　　　　　　　　　　　　　　单位：元

日　期	供应商	方　向	累计借方发生额	累计贷方发生额	期初余额
2018-10-30	福州硕泰	贷	150 000	71 020	110 200
2018-11-30	湖北方大	贷	2 000 000	2 000 000	1 500 000
2018-11-28	江西鼎鑫	贷	150 000	50 000	560 000

表 6-14 预收账款期初余额明细 　　　　　　　　　　　　　　　　单位：元

日　期	客　户	方　向	累计借方发生额	累计贷方发生额	期初余额
2018-11-30	福建自动化	贷			100 000
2018-11-30	嘉兴渥誉	贷	279 226.14		

三、用友财务软件的应用

任务一：企业建立账套

【实训要求】

(1) 完成企业账套的建立；

(2) 添加操作人员及授权。

【操作指导】

1) 启动系统管理，以 Admin(密码为空)的身份进行注册

双击【系统管理】图标，进行注册，操作员为"admin"，密码为空，账套为"(default)"，如图 6-1 所示，单击【确定】按钮。

图 6-1 【系统管理】登录界面

2) 增加用户(详见表 6-1)

(1) 执行【权限】|【用户】命令，打开【用户管理】窗口，如图 6-2 所示。

图 6-2 【用户管理】窗口

(2) 单击【增加】按钮，打开【操作员详细情况】对话框，输入编号"A01"，姓名【孙敏】，所属部门【财务部】，口令为空，其余默认。如图 6-3 所示。

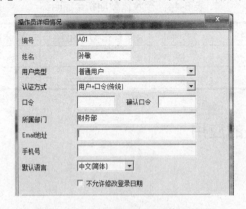

图 6-3 【操作员详细情况】对话框

(3) 单击【增加】按钮，按表 6-1 所示资料，依次添加其他用户，添加完毕后如图 6-4

所示。

图 6-4 用户管理

3) 建立账套

(1) 以系统管理员身份注册进入系统管理，执行【账套】|【建立】命令，打开【创建账套】对话框，选中【新建空白账套】单选按钮，单击【下一步】按钮，如图 6-5 所示。

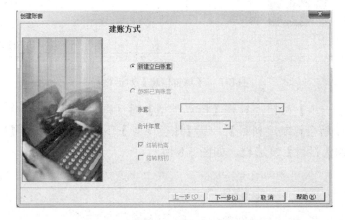

图 6-5 【创建账套-建账方式】对话框

(2) 在【账套信息】对话框中，输入账套号"111"，账套名称【福建客家工业科技有限公司】，启用会计期【2018 年 12 月】，如图 6-6 所示。

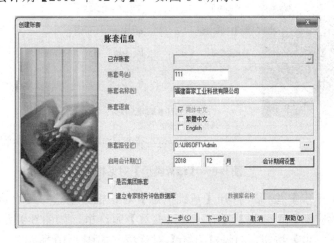

图 6-6 【账套信息】对话框

(3) 单击【下一步】按钮,打开【单位信息】对话框,输入单位名称即可,其余可省略不填,如图 6-7 所示。

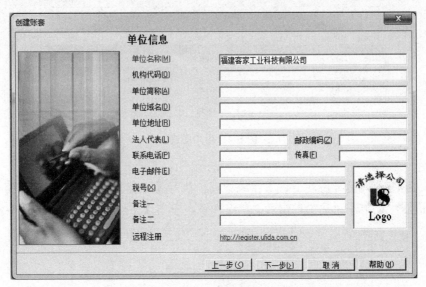

图 6-7 【单位信息】对话框

(4) 单击【下一步】按钮,打开【核算类型】对话框,选择【工业】企业类型,行业性质选择【2007 年新会计制度科目】,从【账套主管】下拉列表中选择【[A01]孙敏】,选中【按行业性质预置科目】复选框,如图 6-8 所示。

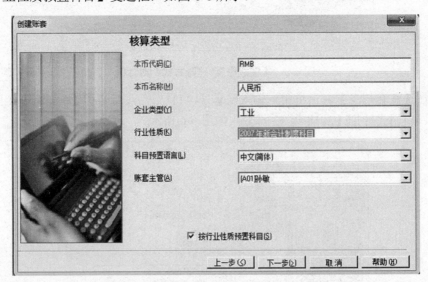

图 6-8 【核算类型】对话框

(5) 单击【下一步】按钮,打开【基础信息】对话框,不选中【存货是否分类】【客户是否分类】【供应商是否分类】【有无外币核算】复选框,如图 6-9 所示。

(6) 单击【下一步】按钮,打开【开始】对话框,如图 6-10 所示。

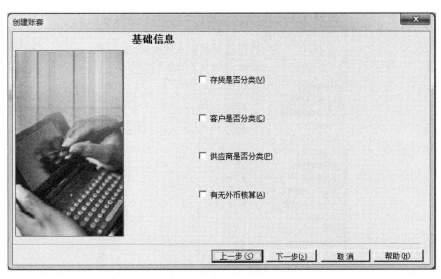

图 6-9 【基础信息】对话框

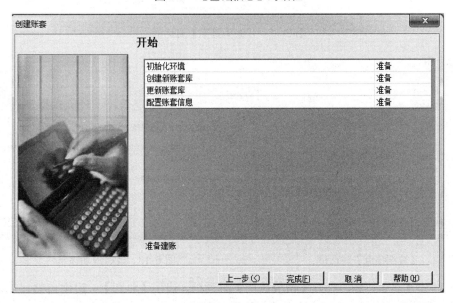

图 6-10 【开始】对话框

（7）单击【完成】按钮，在弹出的【可以创建账套了么】对话框中，单击【是】按钮，开始建账，建账需要一段时间，请耐心等候。

（8）建账完成后，系统自动弹出【编码方案】对话框，根据所给账套信息进行修改编码方案，如图 6-11 所示的【编码方案】对话框。

（9）单击【确定】按钮，再单击【取消】按钮，进入【数据精度】对话框，如图 6-12 所示。

（10）数据精度采用默认，单击【取消】按钮，系统提示建账成功，如图 6-13 所示。

图 6-11 【编码方案】对话框

图 6-12 【数据精度】对话框

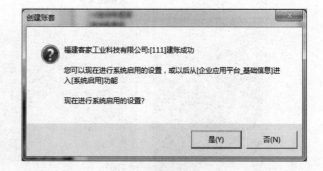

图 6-13 建账成功提示

(11) 单击【是】按钮,打开【系统启用】对话框,启用【总账】,启用自然日期为 2018 年 12 月 1 日,如图 6-14 所示,单击【退出】按钮。

(12) 结束建账过程,系统弹出提示【请进入企业应用平台进行业务操作!】,单击【确定】按钮返回。

注意:如果进行系统启用设置单击【否】,则先结束建账过程,待过后进入【企业应用平台】,执行【基础档案】|【基本信息】|【系统启用】命令,重新启用系统。

4) 设置用户权限

(1) 在系统管理中执行【权限】|【权限】命令,打开【操作员权限】对话框。

(2) 在右边下拉列表中选择【[111]福建客家工业科技有限公司】账套,左边选择用户【A01 孙敏】,选中【账套主管】,显示所有权限,如图 6-15 所示。

图 6-14 【系统启用】对话框

图 6-15 【操作员权限】对话框

(3) 在【操作员权限】对话框中，右边下拉列表中选择【[111]福建客家工业科技有限公司】账套，左边选择用户【W01 陈小梅】，单击【修改】按钮，在右侧窗口中，单击展开【基本信息】，选中【公用目录设置】，单击展开【财务会计】\【总账】\【凭证】，取消选中【审核凭证】、【记账】，单击【保存】按钮。如图 6-16 所示。

(4) 在【操作员权限】对话框中，右边下拉列表中选择【[111]福建客家工业科技有限公司】账套，左边选择用户【W02 林巧巧】，单击【修改】按钮，在右侧窗口中，单击展开【财务会计】\【总账】\【凭证】，选中【出纳】及【出纳签字】复选框，单击【保存】按钮。如图 6-17 所示。

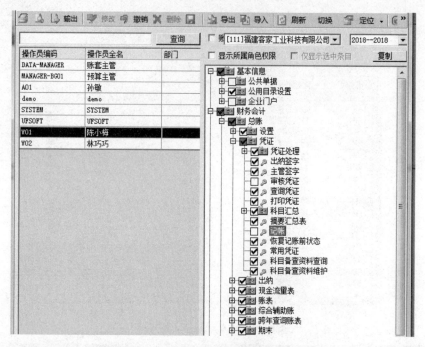

图 6-16 设置 W01【操作员权限】对话框

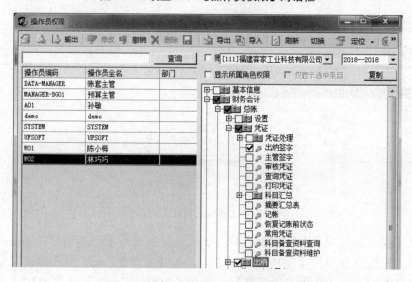

图 6-17 设置 W02【操作员权限】对话框

任务二：账套的备份和引入

【实训要求】

(1) 掌握账套的备份；

(2) 掌握账套的引入。

【操作指导】

1) 备份账套(防止账套丢失或数据被破坏)

(1) 在计算机某个硬盘，假设在 E 盘中，新建文件夹，命名为【111账套备份】。

(2) 以系统管理员"admin"身份登录【系统管理】界面。执行【账套】|【输出】命令，打开【账套输出】对话框。单击【账套号】下拉列表框右侧下三角按钮，选择【[111]福建客家工业科技有限公司】账套，在【输出文件位置】选择 E:\111 账套备份，如图 6-18 所示。

(3) 单击【确认】按钮，系统进行账套输出，完成后，弹出提示输出成功的对话框，如图 6-19 所示，单击【确定】按钮返回。

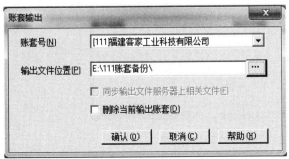

图 6-18 【账套输出】对话框　　　　图 6-19 输出成功提示对话框

2) 引入账套

(1) 以系统管理员"admin"身份登录【系统管理】界面。执行【账套】|【引入】命令，打开【请选择账套备份文件】对话框。选择【E:\111 账套备份\UfErpAct.Lst】，单击【确定】按钮。

(2) 引入账套需要一定时间，请耐心等候，引入完成后，系统弹出提示【账套[111]引入成功！】，单击【确定】按钮。

任务三：基础设置

【实训要求】

(1) 操作人员(A01)；

(2) 熟练掌握各种期初数据的录入；

(3) 总账初始化设置。

【操作指导】

1) 登录企业应用平台

以【A01 孙敏】登录【企业应用平台】，密码为空，选中【[111] (default)福建客家工业科技有限公司】，登录日期为 2018-12-01，单击【登录】按钮，如图 6-20 所示。

2) 添加部门档案(详见表 6-2)

执行【基础设置】|【基础档案】|【机构人员】|【部门档案】命令，打开【部门档案】窗口，单击【增加】按钮，依据表 6-2 输入数据，如图 6-21 所示。

3) 添加人员档案(详见表 6-3)

(1) 执行【基础设置】|【基础档案】|【机构人员】|【人员档案】命令，打开【人员档案】窗口，单击【增加】按钮，依据表 6-3 输入数据，如图 6-22 所示，单击【保存】按钮。

(2) 以此方法依次输入其他人员档案。

会计综合模拟仿真实训

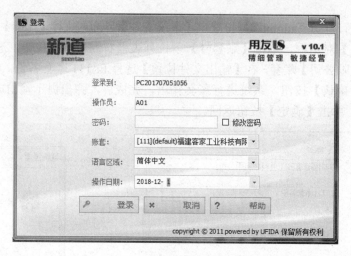

图 6-20 【企业应用平台】登录窗口

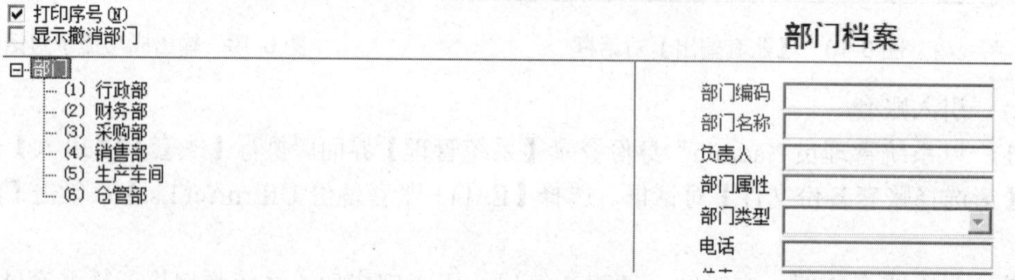

图 6-21 【部门档案】窗口

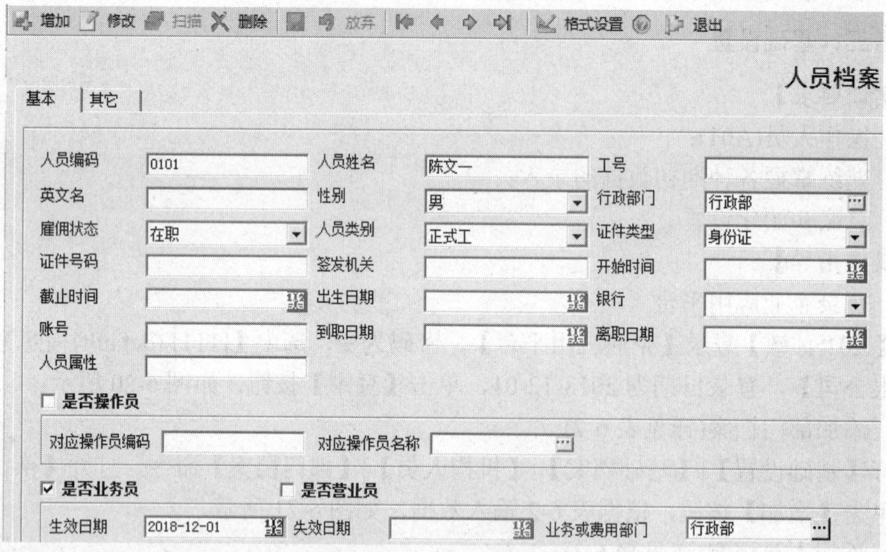

图 6-22 【人员档案】窗口

4) 增加供应商档案(详见表 6-4)。

执行【基础设置】|【基础档案】|【客商信息】|【供应商档案】命令,打开【供应商档案】窗口,单击【增加】按钮,依据表 6-4 逐个输入数据,结果如图 6-23 所示。

70

实训六 信息化会计业务处理

供应商档案

序号	选择	供应商编码	供应商名称	供应商简称	地区名称	发展日期
1		001	福州硕泰金属回收有…	福州硕泰		2018-12-01
2		002	湖北方大重型机器有…	湖北方大		2018-12-01
3		003	江西鼎鑫铸造有限公司	江西鼎鑫		2018-12-01
4		004	浙江温州华大铜业有…	浙江温…		2018-12-01
5		005	广州兴富机械有限公司	广州兴富		2018-12-01
6		006	上海金水实业有限公司	上海金水		2018-12-01
7		007	福建华欣器材有限公司	福建华欣		2018-12-01

图 6-23 【供应商档案】窗口

5) 增加客户档案(详见表 6-5)

执行【基础设置】|【基础档案】|【客商信息】|【客户档案】命令，打开【客户档案】窗口，单击【增加】按钮，依据表 6-5 输入数据，结果如图 6-24 所示。

客户档案

客户编码	客户名称	客户简称	地区名称	发展日期
001	福建东威汽车有限公司	福建东…		2018-12-01
002	湖南中瑞汽车有限公司	湖南中…		2018-12-01
003	江苏怡玖汽车有限公司	江苏怡…		2018-12-01
004	上海康智汽车有限公司	上海康…		2018-12-01
005	福建科勒有限公司	福建科…		2018-12-01
006	福建永源批发有限公司	福建永…		2018-12-01
007	辉门（中国）有限公司	辉门（…		2018-12-01
008	嘉兴湿誉贸易有限公司	嘉兴湿…		2018-12-01
009	上海嘉智汽车有限公司	上海嘉…		2018-12-01
010	上海三都汽车有限公司	上海三都		2018-12-01
011	福建诚运有限公司	福建诚运		2018-12-01
012	福建自动化工程设备…	福建自动化		2018-12-01

图 6-24 【客户档案】窗口

6) 设置凭证类别(详见表 6-6)

(1) 执行【基础设置】|【基础档案】|【财务】|【凭证类别】命令，打开【凭证类别】窗口。

(2) 在【凭证类别】窗口中，选中【记账凭证】，单击【确定】按钮，打开【凭证类别】界面，如图 6-25 所示，单击【退出】按钮。

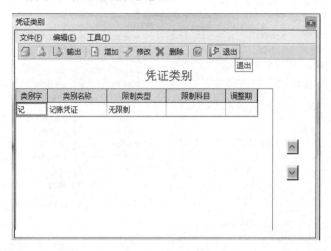

图 6-25 【凭证类别】窗口

7) 设置结算方式

执行【基础设置】|【基础档案】|【收付结算】|【结算方式】命令,打开【结算方式】窗口,依据表6-7输入数据,结果如图6-26所示。填完后,单击【退出】按钮。

8) 增加会计科目及期初余额(详见表6-8、表6-9、表6-10、表6-11、表6-12、表6-13、表6-14)

(1) 辅助核算项目。

辅助核算科目表如表6-15所示。

① 执行【基础档案】|【财务】|【会计科目】命令,打开【会计科目】窗口,单击【增加】按钮,打开【新增会计科目】对话框。

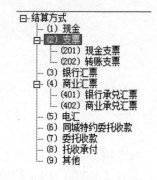

图6-26 【结算方式】窗口

表6-15 辅助核算科目表

会计科目	辅助核算
应收票据(1121)	客户往来(不勾选应收系统)
应收账款(1122)	客户往来(不勾选应收系统)
预付账款(1123)	供应商往来(不勾选应付系统)
个人应收款(122101)	个人往来
应付账款(2202)	供应商往来(不勾选应付系统)
预收账款(2203)	客户往来(不勾选应收系统)
在途物资、原材料、库存商品、发出商品、受托代销商品、周转材料的明细科目	数量核算

② 录入科目编码"100201",科目名称【建设银行福州五一支行】,如图6-27所示,单击【确定】按钮。

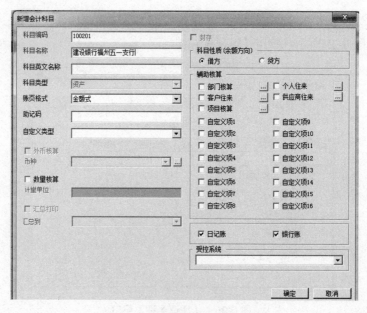

图6-27 【新增会计科目】对话框

③ 同理，依次增加修改其他会计科目。
(2) 指定会计科目。
指定会计科目表如表 6-16 所示。

表 6-16 指定会计科目表

指定项目	会计科目
现金科目	1001
银行科目	100201、100202
现金流量科目	1001、100201、100202、101201、101202

① 执行【基础档案】|【财务】|【会计科目】命令，进入【会计科目】窗口。
② 执行【编辑】|【指定科目】命令，打开【指定科目】对话框。
③ 单击">"按钮将【1001 库存现金】从【待选科目】窗口选入【已选科目】窗口，如图 6-28 所示。

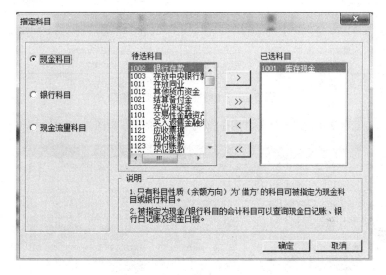

图 6-28 【指定科目】对话框

④ 同理，依次指定其他会计科目。

注意：① 会计科目编码要符合编码规则 4-2-2-2，一级科目 4 位数，二、三、四级科目 2 位数。
② 增加科目时，要逐级增加。
③ 如果科目已经使用，则不能修改或删除。
④ 删除科目要从最末级开始删，依次向上级删。
⑤ 由于系统只启用总账，勾选客户往来和供应商往来时，不受控于应收系统/应付系统，选择空白。
⑥ 只有指定现金及银行科目才能进行出纳签字。
⑦ 只有指定现金及银行科目才能选择结算方式。

(3) 录入期初余额。

① 执行【业务工作】|【财务会计】|【总账】|【设置】|【期初余额】命令，打开【期初余额录入】窗口。

② 白色的空格为末级科目，可直接输入期初余额。例如：库存现金，直接输入"25000.00"。

> **注意**：灰色的单元为非末级科目，不允许录入期初余额，待下级科目余额录入完成后自动汇总生成。
> 黄色单元是具有辅助核算的科目，需双击进入辅助账期初设置。

③ 双击"应收票据"科目，打开【辅助期初余额】窗口，单击【往来明细】按钮，打开【期初往来明细】窗口，单击【增行】，输入表 6-9 中的数据。如图 6-29 所示。

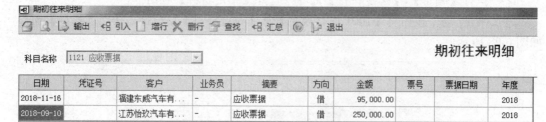

图 6-29　【期初往来明细】窗口

④ 单击【汇总】，再单击【退出】按钮。汇总结果如图 6-30 所示。

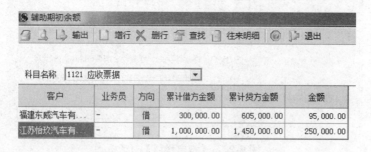

图 6-30　【辅助期初余额】窗口

⑤ 同理，录入其他带辅助核算的科目余额。

⑥ 所有数据录入完毕，单击【试算】按钮，打开【期初试算平衡表】对话框，然后进行试算平衡。试算结果如图 6-31 所示。

> **注意**：① 如果期初余额试算不平衡，可以填制凭证但是不允许记账。
> ② 凭证记账后，期初余额为只读状态，不能再修改。只有取消记账，才能修改。

9) 总账控制参数设置

总账控制参数设置如表 6-17 所示。

实训六 信息化会计业务处理

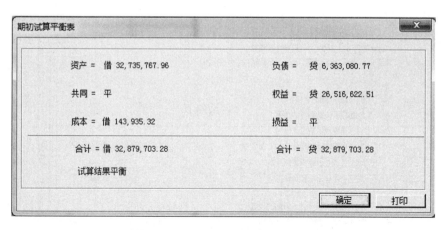

图 6-31 【期初试算平衡表】对话框

表 6-17 参数设置表

参数设置	序时控制
	资金及往来赤子控制
	不允许修改和作废他人填制的凭证
	系统自动编号
	必须出纳签字
	现金流量凭证必须录入现金流量项目

执行【业务工作】|【财务会计】|【总账】|【设置】|【选项】命令，打开【选项】对话框，单击【编辑】按钮，勾选相对应的设置，如图 6-32、图 6-33 所示。

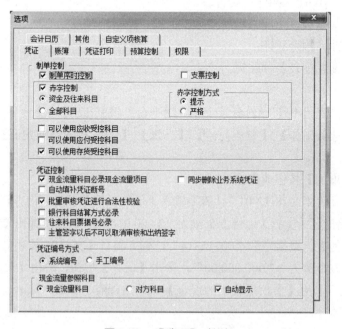

图 6-32 【选项】对话框

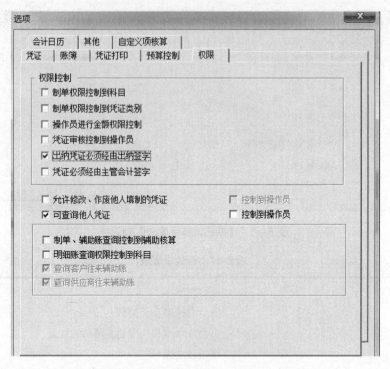

图 6-33 【选项】对话框

任务四：日常经济业务处理

【实训要求】

(1) 操作人员(W01、W02、A01)；

(2) 掌握填制、审核凭证、出纳签字、记账、结账；

(3) 掌握修改、删除凭证；

(4) 掌握查询凭证及各种账簿。

【操作指导】

1) 以【W01 陈小梅】身份登录企业应用平台，填制 12 月经济业务的记账凭证

(1) 执行【业务工作】|【财务会计】|【总账】|【凭证】|【填制凭证】命令，打开【填制凭证】窗口。

(2) 单击【增加】按钮或者按 F5 键。

(3) 填制日期为"2018-12-01"，摘要输入"借入长期借款"，借方科目【100201 银行存款-建设银行福州五一支行】，借方金额为"2 000 000.00"，系统弹出【辅助项】对话框，结算方式为【其他】，票据号为"00715314"，贷方科目【250101 长期借款-建设银行福州五一支行】，贷方金额为"2 000 000.00"，单击【保存】按钮，跳出【现金流量录入修改】对话框，选择项目名称【借款所收到的现金】，单击保存。如图 6-34、图 6-35、图 6-36所示。

实训六　信息化会计业务处理

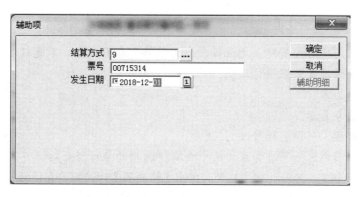

图 6-34　【辅助项】对话框

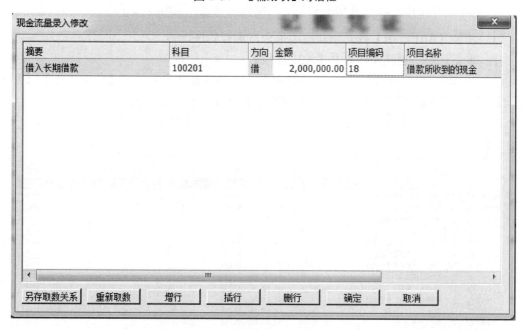

图 6-35　【现金流量录入修改】对话框

图 6-36　【记账凭证】窗口

(4) 同理,录入其余凭证。

> 注意:① 采用序时控制时,凭证日期应大于等于启用日期,不能超过业务日期。
> ② 科目编码必须是末级科目编码。
> ③ 金额不能为零。
> ④ 红字以负号表示。
> ⑤ 凭证未审核,可以直接修改。
> ⑥ 凭证辅助项内容如果有错误,选中具有辅助项的会计科目后,将鼠标移至错误辅助项位置,当出现"钢笔"光标,双击此处,弹出【辅助项】对话框,直接修改,或者按Ctrl+S键调出【辅助项】窗口。
> ⑦ 部分结转凭证可以采用期末定义公式结转,例如,期间损益结转。

2) 切换【A01 孙敏】登录企业应用平台,进行凭证审核

(1) 重新注册,更换操作人员【A01 孙敏】。

(2) 2018年12月31日,财务部A01孙敏在企业应用平台中执行【业务工作】|【财务会计】|【总账】|【凭证】|【审核凭证】命令,打开【审核凭证】窗口。

(3) 单击【确定】按钮,进入【凭证审核列表】窗口,如6-37所示。

制单日期	凭证编号	摘要	借方金额合计	贷方金额合计	制单人	审核人	系统名	备注	审核日期	年度
2018-12-01	记-0001	借入长期借款	2,000,000.00	2,000,000.00	陈小梅					2018
2018-12-01	记-0002	支付汽车保养费	339.00	339.00	陈小梅					2018
2018-12-01	记-0003	委托代销商品	218,500.00	218,500.00	陈小梅					2018
2018-12-01	记-0004	委托代销商品	300,000.00	300,000.00	陈小梅					2018
2018-12-01	记-0005	垫付医疗费	1,230.00	1,230.00	陈小梅					2018
2018-12-01	记-0006	工伤支付部分费用	4,584.00	4,584.00	陈小梅					2018
2018-12-01	记-0007	收到房屋及押金	21,000.00	21,000.00	陈小梅					2018
2018-12-01	记-0008	收到汇票支付货款	2,340,000.00	2,340,000.00	陈小梅					2018
2018-12-01	记-0009	提现	14,350.00	14,350.00	陈小梅					2018
2018-12-01	记-0010	厂房完工	2,169,850.00	2,169,850.00	陈小梅					2018
2018-12-01	记-0011	固定资产用于出租	2,300,000.00	2,300,000.00	陈小梅					2018
2018-12-02	记-0012	支付审计费	3,180.00	3,180.00	陈小梅					2018
2018-12-02	记-0013	退回材料	58,760.00	58,760.00	陈小梅					2018
2018-12-02	记-0014	购入股票	2,000,000.00	2,000,000.00	陈小梅					2018
2018-12-03	记-0015	购入原材料	513,950.00	513,950.00	陈小梅					2018
2018-12-05	记-0016	专利权置换固定资产	180,000.00	180,000.00	陈小梅					2018
2018-12-05	记-0017	收到前所欠货款	50,000.00	50,000.00	陈小梅					2018
2018-12-05	记-0018	申请银行汇票	750,200.00	750,200.00	陈小梅					2018

图 6-37 【凭证审核列表】窗口

(4) 双击打开待审核的第一张凭证,单击【审核】按钮(第1号审核凭证完成后,系统自动翻页到第2张待审核凭证),再单击【审核】按钮,或执行【批处理】|【成批审核凭证】命令,将已经填制的所有凭证全部审核,如图6-38、图6-39所示。

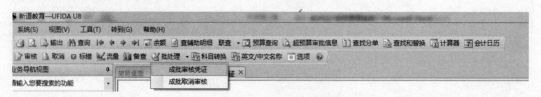

图 6-38 【凭证审核】窗口

实训六 信息化会计业务处理

制单日期	凭证编号	摘要	借方金额合计	贷方金额合计	制单人	审核人	系统名	备注	审核日期	年度
2018-12-01	记-0001	借入长期借款	2,000,000.00	2,000,000.00	陈小梅	孙敏			2018-12-31	2018
2018-12-01	记-0002	支付汽车保养费	339.00	339.00	陈小梅	孙敏			2018-12-31	2018
2018-12-01	记-0003	委托代销商品	218,500.00	218,500.00	陈小梅	孙敏			2018-12-31	2018
2018-12-01	记-0004	委托代销商品	300,000.00	300,000.00	陈小梅	孙敏			2018-12-31	2018
2018-12-01	记-0005	垫付医疗费	1,230.00	1,230.00	陈小梅	孙敏			2018-12-31	2018
2018-12-01	记-0006	工伤支付部分费用	4,584.00	4,584.00	陈小梅	孙敏			2018-12-31	2018
2018-12-01	记-0007	收到房屋及押金	21,000.00	21,000.00	陈小梅	孙敏			2018-12-31	2018
2018-12-01	记-0008	收到汇票支付货款	2,340,000.00	2,340,000.00	陈小梅	孙敏			2018-12-31	2018
2018-12-01	记-0009	提现	14,350.00	14,350.00	陈小梅	孙敏			2018-12-31	2018
2018-12-01	记-0010	厂房完工	2,169,850.00	2,169,850.00	陈小梅	孙敏			2018-12-31	2018
2018-12-01	记-0011	固定资产用于出租	2,300,000.00	2,300,000.00	陈小梅	孙敏			2018-12-31	2018
2018-12-02	记-0012	支付审计费	3,180.00	3,180.00	陈小梅	孙敏			2018-12-31	2018
2018-12-02	记-0013	退回材料	58,760.00	58,760.00	陈小梅	孙敏			2018-12-31	2018
2018-12-02	记-0014	购入股票	2,000,000.00	2,000,000.00	陈小梅	孙敏			2018-12-31	2018
2018-12-03	记-0015	购入原材料	513,950.00	513,950.00	陈小梅	孙敏			2018-12-31	2018
2018-12-05	记-0016	专利权置换固定资产	180,000.00	180,000.00	陈小梅	孙敏			2018-12-31	2018
2018-12-05	记-0017	收到前所欠货款	50,000.00	50,000.00	陈小梅	孙敏			2018-12-31	2018

图 6-39 【凭证已审核】窗口

(5) 审核成功的凭证，在凭证下方会出现审核人的签字，如图 6-40 所示。

图 6-40 【记账凭证】窗口

注意：① 系统要求审核人和制单人不能是同一人，因此审核凭证前要检查当前用户是否就是制单人，如果是，要更换操作人员。
② 审核凭证的功能中还可以对有错误的凭证进行标错处理，还可以取消审核。
③ 已审核的凭证，不能直接修改，只能在取消审核后，才能修改。

3) 切换【W02 林巧巧】登录企业应用平台，进行出纳签字
(1) 重新注册，更换操作人员【W02 林巧巧】。
(2) 2018 年 12 月 31 日，财务部 W02 林巧巧在企业应用平台中执行【业务工作】|【财务会计】|【总账】|【凭证】|【出纳签字】命令，打开【出纳签字】窗口。
(3) 单击【确定】按钮，进入【出纳签字列表】窗口，如图 6-41 所示。

会计综合模拟仿真实训

制单日期	凭证编号	摘要	借方金额合计	贷方金额合计	制单人	签字人	系统名	备注	审核日期	年度
2018-12-01	记-0001	借入长期借款	2,000,000.00	2,000,000.00	陈小梅				2018-12-31	2018
2018-12-01	记-0002	支付汽车保养费	339.00	339.00	陈小梅				2018-12-31	2018
2018-12-01	记-0005	垫付医疗费	1,230.00	1,230.00	陈小梅				2018-12-31	2018
2018-12-01	记-0007	收到房租及押金	21,000.00	21,000.00	陈小梅				2018-12-31	2018
2018-12-01	记-0009	提现	14,350.00	14,350.00	陈小梅				2018-12-31	2018
2018-12-02	记-0012	支付审计费	3,180.00	3,180.00	陈小梅				2018-12-31	2018
2018-12-02	记-0013	退回材料	58,760.00	58,760.00	陈小梅				2018-12-31	2018
2018-12-03	记-0015	购入原材料	513,950.00	513,950.00	陈小梅				2018-12-31	2018
2018-12-05	记-0016	专利权置换固定资产	180,000.00	180,000.00	陈小梅				2018-12-31	2018
2018-12-05	记-0017	收到前所欠货款	50,000.00	50,000.00	陈小梅				2018-12-31	2018
2018-12-05	记-0018	申请银行汇票	750,200.00	750,200.00	陈小梅				2018-12-31	2018
2018-12-05	记-0019	购买材料	750,000.00	750,000.00	陈小梅				2018-12-31	2018
2018-12-06	记-0020	收到还款	1,146.00	1,146.00	陈小梅				2018-12-31	2018
2018-12-07	记-0021	销售商品	452,000.00	452,000.00	陈小梅				2018-12-31	2018
2018-12-07	记-0024	购入原材料	156,674.50	156,674.50	陈小梅				2018-12-31	2018
2018-12-08	记-0025	收到违约金	56,250.00	56,250.00	陈小梅				2018-12-31	2018
2018-12-08	记-0026	报销差旅费	7,000.00	7,000.00	陈小梅				2018-12-31	2018
2018-12-08	记-0027	购入周转材料	50,850.00	50,850.00	陈小梅				2018-12-31	2018
2018-12-10	记-0028	预收货款	200,000.00	200,000.00	陈小梅				2018-12-31	2018
2018-12-10	记-0029	增加注册资本	1,500,000.00	1,500,000.00	陈小梅				2018-12-31	2018
2018-12-10	记-0030	支付验资费用	5,830.00	5,830.00	陈小梅				2018-12-31	2018
2018-12-10	记-0031	银行承兑汇票	250,000.00	250,000.00	陈小梅				2018-12-31	2018

图 6-41 【出纳签字列表】窗口

（4）双击打开待签字的第一张凭证，单击【签字】按钮，或执行【批处理】|【成批出纳签字】命令，将已经填制的出纳凭证全部签字，如图 6-42、图 6-43 所示。

图 6-42 【出纳签字】窗口

图 6-43 出纳签字成功提示

（5）单击【确定】按钮，系统弹出【是否重新刷新凭证列表数据】对话框，单击【是】按钮。出纳签字的凭证，在凭证下方会出现签字人的签字，如图 6-44 所示。

> 注意：① 出纳签字只针对"库存现金""银行存款"的记账凭证。
> ② 进行出纳签字的操作既可以在【审核凭证】后进行，也可以在【审核凭证】前进行。
> ③ 必须设置"指定科目"，方可出纳签字。
> ④ 如果要修改凭证，需要取消"出纳签字"。

图 6-44 【记账凭证】窗口

4) 切换【A01 孙敏】登录企业应用平台，进行凭证记账

(1) 重新注册，更换操作人员【A01 孙敏】。

(2) 2018 年 12 月 31 日，财务部 A01 孙敏在企业应用平台中执行【业务工作】|【财务会计】|【总账】|【凭证】|【记账】命令，打开【记账】对话框，选择【2018.12 月份凭证】，【记账范围】为【全选】，如图 6-45 所示。

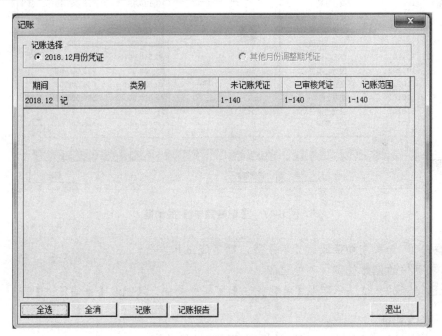

图 6-45 【记账】对话框

(3) 单击【记账】按钮，打开【期初试算平衡表】对话框，如图 6-46 所示。

(4) 单击【确定】按钮，系统自动进行记账，记账完成后，系统弹出【记账完毕!】提示框，如图 6-47 所示。

(5) 单击【确定】按钮，然后单击【退出】按钮。

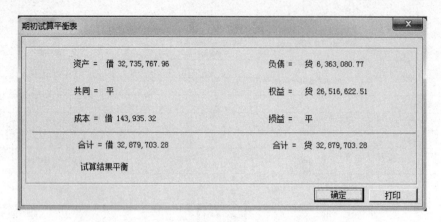

图 6-46 【期初试算平衡表】对话框

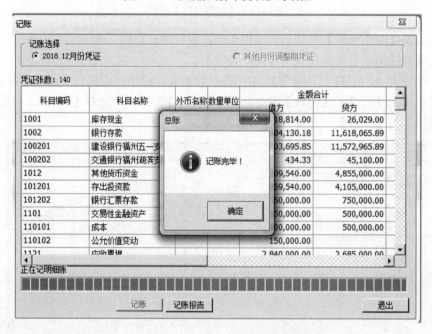

图 6-47 【记账完毕!】提示框

注意：① 如果期初余额试算不平衡，则不能记账。
② 未审核的记账凭证，不能记账。
③ 已记账的凭证，不能在【填制凭证】窗口中查询，只能在【查询凭证】窗口中查询。

5) 修改凭证
(1) 未审核、出纳签字、记账的凭证可以直接修改。
用户【W01 陈小梅】执行【业务工作】|【财务会计】|【总账】|【填制凭证】，打开需要修改的凭证，直接修改。
(2) 已审核、出纳签字、记账的凭证不能直接修改，需取消记账、取消出纳签字、取消审核。
① 用户【A01 孙敏】执行【业务工作】|【财务会计】|【总账】|【期末】|【对账】命

令，打开【对账】对话框，按 Ctrl+H 快捷键，系统弹出【恢复记账前状态功能已被激活】提示框，如图 6-48 所示。

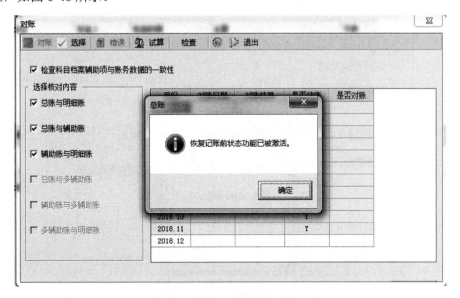

图 6-48　【对账】对话框

② 单击【确定】按钮，再单击【退出】按钮。

③ 执行【凭证】|【恢复记账前状态】命令，系统弹出【恢复记账前状态】对话框，【恢复方式】选择【2018 年 12 月初状态】，如图 6-49 所示。

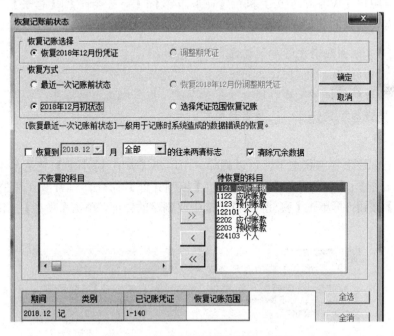

图 6-49　【恢复记账前状态】对话框

④ 单击【确定】按钮，弹出【输入】对话框，输入口令为空，单击【确定】按钮，

完成恢复记账，如图 6-50 所示。

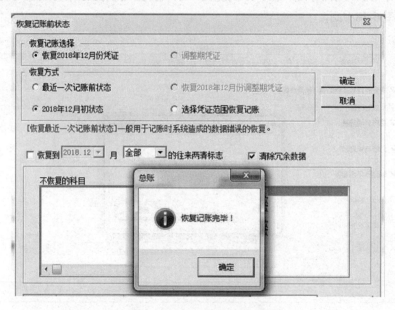

图 6-50 【恢复记账完毕!】提示框

⑤ 用户【A01 孙敏】执行【业务工作】|【财务会计】|【总账】|【审核凭证】命令，打开【审核凭证】对话框，单击【确定】按钮，在【凭证审核列表】中，双击打开想要修改的凭证，单击【取消】按钮，完成凭证取消审核。

⑥ 切换用户【W01 陈小梅】执行【业务工作】|【财务会计】|【总账】|【填制凭证】命令，打开需要修改的凭证进行修改。

注意：① 必须由账套主管取消记账。
② 取消审核凭证与审核凭证为同一人。
③ 若要修改的凭证涉及库存现金及银行存款，则需取消出纳签字。
④ 删除凭证后，凭证可以选择重新编号。

6) 删除凭证

凭证在未审核未签字状态下，可以删除。由用户【W01 陈小梅】登录企业应用平台，执行【业务工作】|【财务会计】|【总账】|【填制凭证】命令，打开要作废的凭证，单击【作废/恢复】按钮，再单击【整理凭证】，选中要删除的凭证，单击【确定】按钮，如图 6-51 所示。

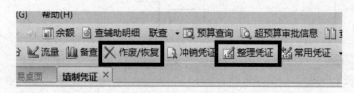

图 6-51 【填制凭证】界面

注意：① 如果总账选项中勾选【允许修改、作废他人填制的凭证】，则在填制凭证功能中可以由非原制单人修改或作废他人填制的凭证，否则不能修改他人凭证。

② 凭证在审核、签字、记账状态下，不可以删除。需要先取消记账、取消审核签字，才能删除。

7) 查询账簿

(1) 执行【业务工作】|【财务会计】|【总账】|【账表】|【科目账】|【总账】命令，可以查询总账。

(2) 执行【业务工作】|【财务会计】|【总账】|【账表】|【科目账】|【余额表】命令，可以查询发生额及余额表。

(3) 执行【业务工作】|【财务会计】|【总账】|【账表】|【科目账】|【明细账】命令，可以查询明细账。

8) 对账

(1) 以【A01 孙敏】进入企业应用平台。

(2) 执行【期末】|【对账】命令，进入【对账】对话框。

(3) 将光标置于要进行对账的月份"2018.12"，单击【选择】按钮。

(4) 单击【检查】按钮，开始对账，并显示对账结果。

(5) 单击【试算】按钮，可以对各科目类别余额进行试算平衡，单击【确认】按钮。

9) 结账

(1) 用户【A01 孙敏】登录企业应用平台，执行【业务工作】|【财务会计】|【总账】|【期末】|【结账】命令，打开【结账】对话框，如图 6-52 所示。

图 6-52 【结账】对话框

(2) 月份选择"2018.12"，单击【下一步】|【对账】|【下一步】按钮，打开【2018年 12 月工作报告】窗口，如图 6-53 所示。

(3) 查看工作报告后，单击【下一步】按钮，再单击【结账】按钮。若符合结账要求，系统将进行结账，否则不予结账。

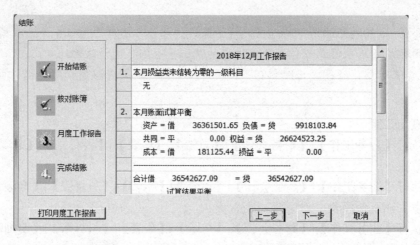

图 6-53 【2018 年 12 月工作报告】窗口

注意：① 本月如果有未记账凭证，则无法结账。
② 上月未结账，本月不能结账。
③ 其他子系统未结账，总账则不能结账。
④ 如果要取消结账，由账套主管执行【总账】|【期末】|【结账】命令，选择要取消结账的月份，按 Ctrl+Shift+F6 快捷键激活取消结账功能，输入主管口令，单击确认，则可成功取消结账。

任务五：会计报表编制

【实训要求】

(1) 操作人员(A01)；

(2) 编制资产负债表；

(3) 编制利润表。

【操作指导】

1) 编制资产负债表

(1) 2018 年 12 月 31 日，财务部 A01 孙敏在企业应用平台中执行【业务工作】|【财务会计】|【UFO 报表】命令，打开【UFO 报表】对话框，系统提示【日积月累】，单击【关闭】按钮。

(2) 单击【新建】按钮，打开一张空白表页。

(3) 执行【格式】|【报表模板(M)】命令，打开【报表模板】对话框，在【您所在的行业】栏选择【2007 年新会计制度科目】，在【财务报表】栏选择【资产负债表】，如图 6-54 所示。

(4) 单击【确认】按钮，系统提示【模板格式将覆盖本表格式，是否继续？】，单击【确定】按钮，生成资产负债表。此时处于【格式】状态，可根据最新财务报表格式，调整相应的项目和函数。

(5) 调整完毕，切换到【数据】状态下，执行【数据】|【关键字】|【录入关键字】命令，打开【录入关键字】对话框，录入"2018 年 12 月 31 日"，如图 6-55 所示。

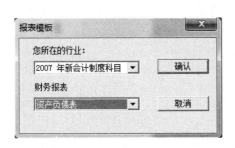

图 6-54 【报表模板】对话框

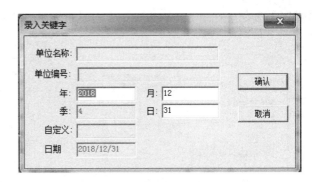

图 6-55 【录入关键字】对话框

(6) 单击【确认】按钮,系统提示【是否重算第 1 页?】,单击【是】按钮,系统将自动计算各项目数据,如图 6-56 所示。

图 6-56 【资产负债表】界面

(7) 单击【保存】按钮,将资产负债表以"zcfzb.rep"命名,保存在【E:\111 账套备份】文件夹下。

2) 编制利润表

(1) 继续单击【新建】按钮,打开一张空白表页。

(2) 执行【格式】|【报表模板(M)】命令,打开【报表模板】对话框,在【您所在的行业】栏选择【2007 年新会计制度科目】,在【财务报表】栏选择【利润表】,如图 6-57 所示。

(3) 单击【确认】按钮,系统提示【模板格式将覆盖本表格式,是否继续?】,单击【确定】按钮,生成利润表。此时处于【格式】状态,根据最新财务报表格式,调整相应的项目和函数。

(4) 将报表从【格式】状态切换为【数据】状态,执行【数据】|【关键字】|【录入关

键字】命令，打开【录入关键字】对话框，录入"2018年12月"，如图6-58所示。

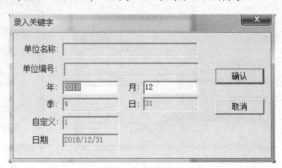

图6-57 【报表模板】对话框   图6-58 【录入关键字】对话框

（5）单击【确认】按钮，系统提示【是否重算第1页？】，单击【是】按钮，系统自动计算各项目数据，计算结果如图6-59所示。

项　目	行数	本期金额	上期金额
一、营业收入	1	2,955,394.14	
减：营业成本	2	2,038,024.00	
税金及附加	3	130,609.39	
销售费用	4	105,860.80	
管理费用	5	260,444.60	
研发费用	6		
财务费用	7	103,724.76	
其中：利息费用	8	260,192.62	
利息收入	9	-156,467.86	
资产减值损失	10		
信用减值损失	11	82015.64	
加：其他收益	12		
投资收益（损失以"-"号填列）	13	-42,460.00	
其中：对联营企业和合营企业的投资收益	14		
净敞口套期收益（损失以"-"号填列）	15		
公允价值变动收益（损失以"-"号填列）	16	150,000.00	
资产处置损益	17	230190.00	
二、营业利润（亏损以"-"号填列）	18	572444.95	
加：营业外收入	19	56650.00	

利润表
2018年　　12月　　会企02表
编制单位：福建吾家工业科技有限公司　　单位：元

图6-59 【利润表】界面

（6）单击【保存】按钮，将利润表以"lrb.rep"命名，保存在【E:\111 账套备份】文件夹下。

注意：① 报表处于两种状态，一种"格式"状态，一种"数据"状态。两种状态的切换只需单击报表左下角以红色字体显示的【格式】或【数据】即可实现状态的切换。

② 资产负债表主要是提取资产、负债、所有者权益各项目的时点数，用的是期初数（QC），期末数（QM）；而利润表提取的是各项目对应的损益类科目的发生额（FS）。

四、金蝶财务软件的应用

金蝶财务软件与用友财务软件的操作程序相同，所不同的是业务操作界面存在较大的差异，但功能基本相同。依据相同的业务资料，录入金蝶财务软件，能让学生进一步熟悉不同财务软件的操作特点，增强学生工作适应能力。该财务软件实施步骤如下。

任务一：安装金蝶 KIS 财务软件

任务二：建账及添加用户、设置权限

任务三：期初数据录入

(1) 设置核算项目

(2) 增加修改会计科目

(3) 录入期初余额

任务四：日常经济业务处理

任务五：编制财务报表

实训七

会计档案的整理与归档

一、会计档案的整理与归档

本实训对实训四和实训五形成的会计资料(包括会计凭证、会计账簿、会计报表、电算化数据以及其他会计资料)进行整理,注明每一种档案的保管期限。对于装订好的各种会计资料要按照会计法规和制度进行签章。

二、会计档案的保管期限

会计档案的保管期限分为永久、定期两类。定期保管期限一般分为 10 年和 30 年。会计档案的保管期限,从会计年度终了后的第一天算起。各类会计档案的保管期限原则上应当按照本办法附表执行,本办法规定的会计档案保管期限为最低保管期限。目前企业和其他组织会计档案的保管期限如表 7-1 所示。

表 7-1 企业和其他组织会计档案的保管期限表

序号	档案名称	保管期限	备注
一	会计凭证		
1	原始凭证	30 年	
2	记账凭证	30 年	
二	会计账簿		
1	总账	30 年	
2	明细账	30 年	
3	日记账	30 年	
4	固定资产卡片		固定资产报废清理后保管 5 年
5	其他辅助性账簿	30 年	
三	财务会计报告		
1	月度、季度、半年度财务会计报告	10 年	
2	年度财务会计报告	永久	
四	其他会计资料		
1	银行存款余额调节表	10 年	
2	银行对账单	10 年	
3	纳税申报表	10 年	
4	会计档案移交清册	30 年	
5	会计档案保管清册	永久	
6	会计档案销毁清册	永久	
7	会计档案鉴定意见书	永久	

附件：原始凭证

业务 1-1

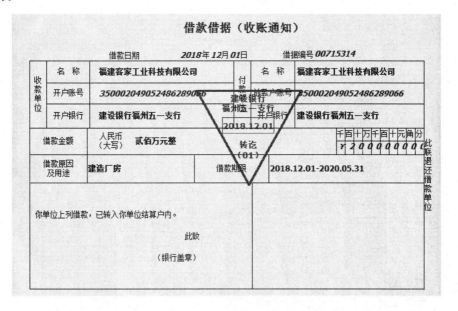

业务 1-2

借款合同

经建设银行福州五一支行（以下简称贷款方）与福建客家工业科技有限公司（以下简称借款方）充分协商，签订本合同，共同遵守。

一、由贷款方提供借款方贷款人民币贰佰万元整（￥2000000.00元），贷款期限自2018年12月01日至2020年05月31日，贷款用于建造厂房。

二、贷款方应按期、按额向借款方提供贷款，否则，按违约数额和延期天数，付给借款方违约金。违约金数额的计算与逾期贷款罚息同，即为0.17‰。

三、借款利率为银行同期年利率5.4%，每月末计息，次月支付应计利息，2018年05月31日归还本金及付息。

四、借款方应按协议使用贷款，不得转移用途。否则，贷款方有权停止发放新贷款，直至收回已发放的贷款。

五、借款方保证按借款契约所订期限归还贷款本息。如需延期，借款方至迟在贷款到期前3天，提出延期申请，经贷款方同意，办理延期手续。但延期最长不得超过原订期限的一半。贷款方未同意延期或未办理延期手续的逾期贷款，加收罚息。

六、贷款到期后1个月，如借款方不归还贷款，贷款方有权依照法律程序处

业务 1-3

理借款方作为贷款抵押的财产，抵还借款本息。

七、合同争议的解决方式

本合同在履行过程中发生的争议，由甲乙双方协商解决；协商不成的依法向人民法院提起诉讼。

……

十二、本协议书一式2份，借贷款双方各执1份。本协议自双方签字起即生效。

贷款方：建设银行福州五一支行
法定代表人：吴雨江
签订日期：2018年12月01日

借款方：福建客家工业科技有限公司
法定代表人：陈文一
签订日期：2018年12月01日

业务 2-1

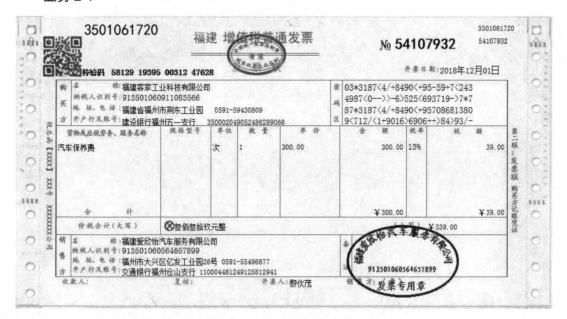

业务 2-2

报 销 单

填报日期：2018 年 12 月 01 日　　单据及附件共 1 张

姓名	陈文一	所属部门	行政部门	报销形式	现金
				支票号码	

报销项目	摘要	金额	备注
汽车保养费	支付汽车保养费	339.00	
	现金付讫		

合　计　　¥339.00

金额大写：零 拾零 万零 仟贰 佰叁 拾零 元零 角零 分　　原借款：0.00 元　　应退(补)款：¥339.00 元

总经理：陈文一　财务经理：孙敏　部门经理：陈文一　会计：陈小梅　出纳：林巧巧　报销人：陈文一

业务 3-1

代销协议书

甲方（委托方）：福建客家工业科技有限公司
乙方（代销方）：福建有利汽车有限公司

甲乙双方经友好协商，在平等合作、互惠互利的基础上，本着加快品牌推广、服务大众的经营原则，就乙方作为H型节能灯产品经销商相关事宜，达成协议如下：

乙方根据每月的销售实际情况于月末结算一次，甲方应根据协议规定并支付相应的费用，合同自2018年12月01日起至2019年11月30日止，合同未到期，如要提前终止合同，需先通知对方，协商一致后可终止协议。

一、协议内容：

甲乙双方经营需遵守国家相关法律法规进行，不得违法经营；

甲方须给乙方颁发合理的销售代理授权书，并签订本协议；

乙方须接受甲方颁发的销售代理授权书，并签订本协议；

甲方须以书面或影音资料等方式向乙方提供可靠、全面的公司和产品宣传资料；

甲方以既定的代理价格供货给乙方，乙方承诺以不超过甲方提供的建议零售价限额的价格销售；

甲方须保证向乙方出售的汽车缸套产品均为正宗产品，无掺假；

甲方委托乙方代销汽车缸套5000个，建议零售价格￥65.00元/个，代销协议约定的商品总售价为￥325000.00元，代销手续费为售价的10%。

甲乙双方须共同遵守商议价格，双方各自监督，任何一方不得擅自调整价格；

业务 3-2

二、免责条款：
　　因不可抗拒力因素（战争，自然灾害等）致使甲、乙双方任何一方不能履行本协议时，免责。

　　因甲方公司突发状况，严重影响经营，甲乙双方可单方面解除本协议。

　　甲乙双方协商一致，可以解除本协议，无须承担违约责任。

甲方：福建客家工业科技有限公司　　乙方：福建有利汽车有限公司
法人代表：陈某一　　　　　　　　　法人代表：祁静曼
日期：2018年12月01日　　　　　　　日期：2018年12月01日

业务 3-3

出 库 单

出货单位：福建客家工业科技有限公司　　2018 年 12 月 01 日　　单号：hoa061

提货单位或领货部门	福建有利汽车有限公司	销售单号	W1201	发出仓库	成品库	出库日期	2018.12.01

编号	名 称 及 规 格	单位	数量 应发	数量 实发	单 价	金 额
3	汽车缸套	个	5000	5000	43.7	218500.00
	合　　　计		5000	5000		218500.00

部门经理：谢俊　　会计：陈小梅　　仓库：张新州　　经办人：刘晓亮

业务 4-1

代销协议书

甲方（委托方）：福建华欣器材有限公司
乙方（代销方）：福建客家工业科技有限公司

　　甲乙双方经友好协商，在平等合作、互惠互利的基础上，本着加快品牌推广、服务大众的经营原则，就乙方作为H型节能灯产品经销商相关事宜，达成协议如下：
　　乙方根据每月的销售实际情况于月末结算一次，甲方应根据协议规定并支付相应的费用，合同自2018年12月01日起至2019年11月30日止，合同未到期，如要提前终止合同，需先通知对方，协商一致后可终止协议。
　　一、协议内容：
　　甲乙双方经营需遵守国家相关法律法规进行，不得违法经营；

　　甲方须给乙方颁发合理的销售代理授权书，并签订本协议；

　　乙方须接受甲方颁发的销售代理授权书，并签订本协议；

　　甲方须以书面或影音资料等方式向乙方提供可靠、全面的公司和产品宣传资料；
　　甲方以既定的代理价格供货给乙方，乙方承诺以不超过甲方提供的建议零售价限额的价格销售；

　　甲方须保证向乙方出售的火花塞产品均为正宗产品，无掺假；

　　甲方委托乙方代销火花塞5000个，建议零售价格￥60.00元/个，代销协议约定的商品总售价为￥300000.00元，代销手续费为售价的10%。

　　甲乙双方须共同遵守商议价格，双方各自监督，任何一方不得擅自调整价格；
　　……
　　本协议未尽事宜双方友好协商解决，自双方签字之日起开始生效。

业务 4-2

二、免责条款：
　　因不可抗拒力因素（战争，自然灾害等）致使甲、乙双方任何一方不能履行本协议时，免责。

　　因甲方公司突发状况，严重影响经营，甲乙双方可单方面解除本协议。

　　甲乙双方协商一致，可以解除本协议，无须承担违约责任。

甲方：福建华欣工业科技有限公司　　　乙方：福建昌扬科技有限公司

法人代表：秦立春　　　　　　　　　　法人代表：陈文一

日期：2018年12月01日　　　　　　　　日期：2018年12月01日

....

业务 4-3

入 库 单

2018 年 12 月 01 日　　　　　　单号 hoa061

交来单位及部门	福建华欣器材有限公司	发票号码或生产单号码	W1201	验收仓库	成品库		入库日期	2018.12.01	
编号	名称及规格	单位	数量		实际价格		计划价格		价格差异
			交库	实收	单价	金额	单价	金额	
3	火花塞	个	5000	5000	60.00	300000.00			
	合　计			5000		300000.00			

部门经理：潘山林　　　会计：郑灿　　　仓库：张新州　　　经办人：林卫东

业务 5-1

报 销 单

填报日期：2018 年 12 月 01 日　　单据及附件共 1 张

姓名	秦泵	所属部门	生产车间	报销形式	现金
				支票号码	

报销项目	摘　要	金　额	备注：
工伤	受伤，垫付医疗费	1230.00	
		现金付讫	
合　计		1230.00	

金额大写：零 拾零 万壹 仟贰 佰叁 拾零 元零 角零 分　　原借款：¥0.00 元　　应退款：¥0.00 元
　　　　　　　　　　　　　　　　　　　　　　　　　　　　　　　　　　　　应补款：¥1230.00 元

总经理：陈文一　　财务经理：孙敏　　部门经理：曾灿　　会计：陈小梅　　出纳：陈巧巧　　领款人：秦泵

业务 5-2

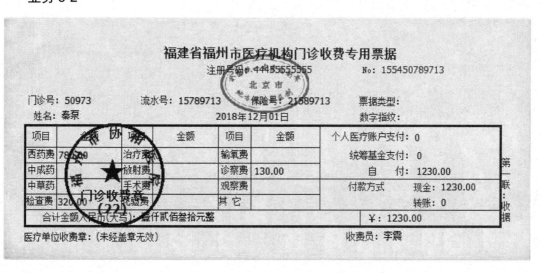

业务 6-1

工伤认定决定书

申请人：福建客家工业科技有限公司
职工姓名：秦泵　　性别：男　年龄：35　　工种：操作工
身份证号码：3508221980****2309　用人单位：福建客家工业科技有限公司
事故时间：2018年10月04日　事故地点：生产车间
诊断时间：2018年10月04日　受伤部位：脚板、头部受伤害

　　经过医疗的救治的基本情况和诊断结论：2018年10月04日，秦泵因工作需要，加班切割钢材材，由于操作不慎，板材滑落，导致受伤。当日秦泵被送至福州市协和医院进行治疗。后经福州市协和医院确诊为：脚板骨折，头部轻微的脑震荡。
　　2018年10月13日，我局受理福建客家工业科技有限公司提出的工伤认定申请后，根据提交的材料调查核实情况如下：2018年10月04日15时40分，秦泵因工作需要，加班切割大理石板材，由于操作不慎，板材滑落，压断脚板，头部受到撞击。根据福建客家工业科技有限公司生产部门相关视频及认定书，秦泵确实是因为工作原因受伤。医院确诊为：脚板骨折，头部有轻微脑震荡。

　　综上所述：秦泵同志受到的事故伤害，符合《工伤保险条例》第十四条规定，属于工伤认定范围，现予以认定为工伤，赔偿金额为4584.00元。
　　如对本工伤认定决定不服，可直接到本决定书之日起60日内向福建省福州市人民政府或者人力资源和社会保障厅申请行政复议，或者在3个月内向福建省福州市人民法院提起行政诉讼。

贰零壹陆年壹拾壹月叁拾壹日

业务 6-2

事故发生报告结果及赔偿书

2018年10月14日

申请人：福建客家工业科技有限公司

事故发生的时间：2018年10月04日

事故发生的人物：秦泵

事故发生的部门：生产部

事故发生的地点：生产车间

事故发生的原因：国庆期间加班，因切割钢材时操作不慎，造成脚板骨折和轻微脑震荡，没法继续上班。

剩余费用承担的责任人：个人
医疗总费用：￥5730.00
社保局赔偿部分费用：￥4584.00
剩余费用：￥1146.00

业务 7-1

中国建设银行进账单（回单） 1

2018年 12月 01日

出票人	全称	福建汇鼎图文有限公司	收款人	全称	福建客家工业科技有限公司
	账号	46471012150123209918		账号	35000204905248628 9066
	开户银行	建设银行福州五一支行		开户银行	建设银行福州五一支行

金额 人民币（大写）贰万壹千元整　￥21000.00

票据种类：转账支票　票据张数：1
票据号码：07865535

复核　记账　开户银行签章

（此联是开户银行交给持票人的回单）

业务 7-2

租赁合同

出租方：福建客家工业科技有限公司（以下简称甲方）

承租方：福建汇鼎图文有限公司（以下简称乙方）

甲方将写字楼13B出租给乙方管理使用，为明确双方权利义务关系，协商订立本合同，共同信守：

一、租期为三年，自2018年11月30日起至2021年11月29日止。

二、租金及押金交纳：双方商定租期内乙方每月1日向甲方交纳租金人民币壹万零伍佰元整（￥10500.00），并于2017年12月1日支付押金人民币壹万零伍佰元整（￥10500.00）。

三、甲方对出租的财产有监督权，并每月检查一次，发现乙方有不当使用或损坏情况时，督促乙方维修。

四、乙方承租经营期间发生的财产损失均由乙方承担。

五、合同期满，乙方应承担将财产如数交还甲方，其他财产如有丢失损坏（正常折旧除外）应负责修复或折价赔偿，乙方添置的财产自行处理，到期后同等条件下乙方优先承租。如不再承租时应自期满之日起十日内撤出属乙方的财产。逾期不搬视为自动放弃财产权。

业务 7-3

八、本合同自双方签字盖章并经公证之日起生效,除依据法律政策规定或经双方协商同意后方可变更、解除外,任何一方单方毁约应向对方偿付租金总额10%的违约金。

……

十、本合同一式二份,甲乙双方各一份。

甲方:福建客家工业科技有限公司　　乙方:福建汇鼎图文有限公司

法定代表人:陈义一　　　　　　　　法定代表人:陈郁真

签订日期:2018年11月30日　　　　　签订日期:2018年11月30日

业务 7-4

实训七 会计档案的整理与归档

业务 8-1

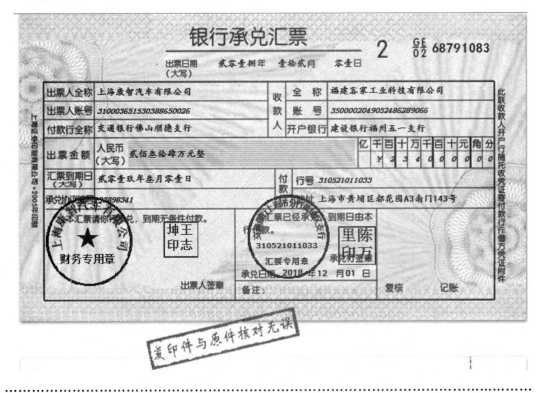

业务 9-1

	提现申请单		
			填单日期：2018年12月01日
收款单位	福建客家工业科技有限公司		
地址	福建省福州市荆东工业园	联系电话	010-59430809
收款人开户行	建设银行福州五一支行	开户账号	350002049052486289066
内容	提取备用金		
大写	壹万肆仟叁佰伍拾元整	¥	1 4 3 5 0 0 0
审批：陈文一		审核：孙敏	制表：林巧巧

实训七 会计档案的整理与归档

业务 9-2

业务 9-3

业务 10-1

固定资产验收单						
2018 年 12 月 01 日					编号：G0466	
名 称	规格型号	来 源	数 量	购（造）价	使用年限	预计残值
5#厂房		自建	1	2169850.00	20年	86794.00
安装费	月折旧率	建造单位		交工日期		附件
	0.40%	福建客家工业科技有		2018年 12月 01日		
验收部门	总经办	验收人员	陈文一	管理部门	总经办	管理人员	陈文一
备注						
				审核：孙敏	制单：陈小梅	

业务 11-1

公司股东会决议

　　福建客家工业科技有限公司（以下简称公司）股东于2018年12月01日在公司会议室召开了股东会全体会议。
　　本次股东会会议于2018年11月01日通知全体股东到会参加会议，符合《公司法》及公司章程的有关规定。
　　本次股东会会议已按《公司法》及公司章程的有关规定通知全体股东到会参加会议。股东会确认本次会议已按照《公司法》及公司章程之有关规定有效通知。
　　出席会议的股东为持有公司100%的股权，会议合法有效，由公司总经理陈文一主持。
　　会议就公司下一步经营发展事宜，全体股东一致同意如下决议：
　　1. 全体股东一致通过有关公司章程。
　　2. 将决定将5#厂房用于出租，采用公允价值进行后续计量。
　　3. 股东对所持有该公司股份表示一致同意、会议合法有效。
　　4. 同意公司下一步经营发展事项。

公司盖章：福建客家工业科技有限公司
法定代表人：陈文一
2018年12月01日

实训七　会计档案的整理与归档

业务 12-1

业务 12-2

实训七 会计档案的整理与归档

业务 13-1

业务 13-2

业务 13-3

业务 14-1

业务 14-2

汇总股票资料

证券名称	证券代码	当前数	可用数	最新价	市值	币种
汉王科技	002362	80000	80000	25.000	2000000.00	人民币

实训七 会计档案的整理与归档

业务 15-1

业务 15-2

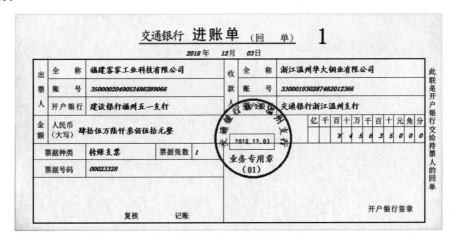

业务 15-3

业务 15-4

业务 15-5

实训七　会计档案的整理与归档

业务 16-1

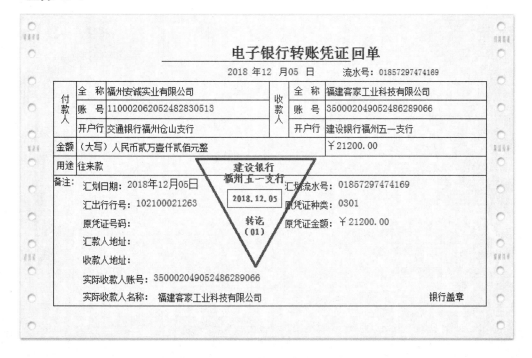

业务 16-2

实训七 会计档案的整理与归档

业务 16-3

业务 16-4

固定资产验收单

2018 年 12 月 05 日   编号：N0106

名称	规格型号	来源	数量	购(造)价	使用年限	预计残值
封口机		外购	1	¥110000.00	10年	¥4400.00
安装费		月折旧率		建造单位	交工日期	附件
		0.8%		北京安诚实业有限公司	2018年 12月 05日	
验收部门	生产车间	验收人员	徐志峰	管理部门 生产车间	管理人员	汤忠清
备注	本设备已经过调试，可投入使用。					

审核：刘伟   制单：赵白

业务 16-5

无形资产摊销表

编制单位：福建客家工业科技有限公司   2018年12月05日   金额单位：元

无形资产	使用日期	原值	摊销年限	月摊销额	已摊销额
专利权	2017-01-01	180000.00	10	1500.00	34500.00
合计		180000.00		1500.00	34500.00

审核：饶思聪   制单：辛求进

业务 16-6

资产置换协议

甲方：福建客家工业科技有限公司
乙方：福州安诚实业有限公司

一、置换资产

1. 甲方拟以其拥有的一项专利权与乙方拥有的一台封口机进行置换，同时乙方补偿甲方差价21200元。专利权在交换日的市场价格为人民币壹拾肆万伍仟伍佰元整（￥145500.00元），封口机的公允价值（不含税）为人民币壹拾壹万元整（￥110000.00元）。
2. 双方于2018年12月05日前办理资产产权划转手续，并进行资产交换。

二、声明和保证

1. 甲、乙双方所拥有的置换资产均为其各自拥有的合法资产。

2. 甲、乙双方将分别按照各公司章程的有关规定，将本协议约定的资产置换事项报各公司股东大会批准。

3. 甲、乙双方均有义务配合对方办理本次资产置换所涉及的产权过户手续，包括但不限于提供相关文件及在产权过户文件上签字、盖章等。

三、资产交割日

本协议生效后，双方协商确定资产交割日，资产交割日后置换资产所发生的资产损益由置入方各自承担和享有，但在资产交接之前，置出方有义务妥善维护和使用置出资产，否则，应当赔偿因此给对方造成的损失。

四、资产交付

双方应当于协商确定的资产交割日期将其置换资产交付对方。

业务 16-7

五、税费承担
因本次资产置换发生的相关税费按照有关法律规定,由双方各自承担。

……

九、违约责任
任一方违反本协议约定的义务给对方造成损失的,应当向守约方承担赔偿责任。

甲方:福建客家工业科技有限公司　　　乙方:福州安诚实业有限公司

授权代表:陈文　　　　　　　　　　　授权代表:林白萍

日期:2018年12月05日　　　　　　　　日期:2018年12月05日

业务 17-1

电子银行转账凭证回单

2018 年 12 月 05 日　　流水号:0201831941005

付款人	全称	福建永源批发有限公司	收款人	全称	福建客家工业科技有限公司
	账号	0200345465533122453		账号	35000204905248 6289066
	开户行	中国工商银行福州五一支行		开户行	建设银行福州五一支行

金额	(大写)人民币伍万元整	¥50000.00
用途	货款	

备注:
汇划日期:2018年12月05日　　汇划流水号:0201831941005
汇出行行号:102100022371　　原凭证种类:0156
原凭证号码:　　　　　　　　原凭证金额:¥50000.00
汇款人地址:
收款人地址:
实际收款人账号:35000204905248 6289066
实际收款人名称:福建客家工业科技有限公司

(银行盖章:建设银行福州五一支行 2018.12.05 转讫(01))

业务 18-1

付款申请书

2018 年 12 月 05 日

用途及情况	金 额	收款单位(人)：上海金水实业有限公司
购买材料	亿 千 百 十 万 千 百 十 元 角 分 　　　　¥ 7 5 0 0 0 0 0 0	账 号：3100044464539595243I7 开户行：中国工商银行上海市青浦区支行
金额（大写）合计： 人民币柒拾伍万元整		电汇：□ 信汇：□ 汇票：□ 转账：☑ 其他：□
总经理 陈文一	财务部门　经理 孙敏 　　　　　会计 陈小梅	业务部门　经 理 林玉 　　　　　经办人 李伟

业务 18-2

中国建设银行 银行汇（本）票申请书

币别：　　　　　　年　月　日　　　流水号：

业务类型	□银行汇票		□银行本票	付款方式	□转账		□现金
申 请 人				收 款 人			
账　　号				账　号			
用　　途				代理付款行			
金额（大写）				亿 千 百 十 万 千 百 十 元 角 分			

客户签章

会计主管　　　授权　　　复核　　　录入

第一联：借方凭证

实训七 会计档案的整理与归档

业务 18-3

业务 18-4

业务 18-5

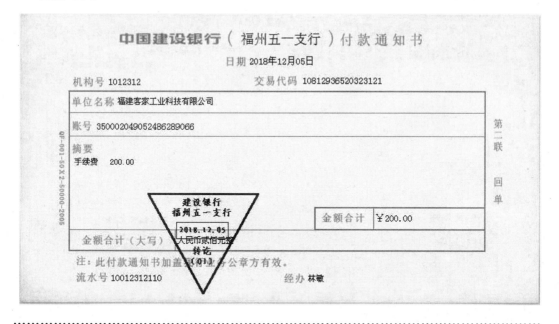

业务 19-1

实训七 会计档案的整理与归档

业务 19-2

供应单位：上海金水实业有限公司										编号：S12002	
材料类别：原材料				2018年 12月 05日						收料仓库：材料库	
材料编号	材料名称	规格	计量单位	数量		实际价格				计划价格	
				应收	实收	单价	发票金额	运杂费	合计	单价	金额
YCL06	废钢		kg	200000	200000						
YCL07	磷铁		kg	3000	3000						
YCL08	铸造铁		kg	40000	40000						
YCL09	锡粒		kg	50	50						
备注：											
部门经理：潘山林			会计：郑灿			仓库：张新州			经办人：林卫东		

业务 19-3

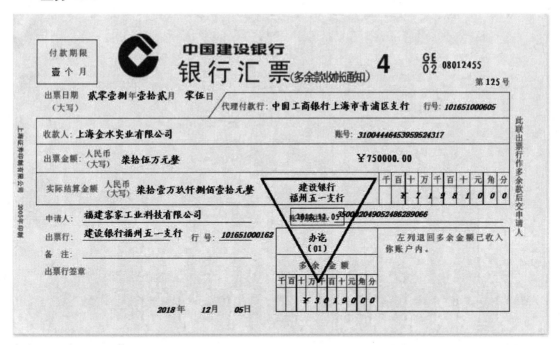

业务 19-4

购销合同

供方：上海金水实业有限公司（以下简称为甲方）

法定代表人：李乾坤

地址及电话：上海市青浦区广安街5号 0577-7784173

需方：福建客家工业科技有限公司（以下简称为乙方）

法定代表人：陈文一

地址及电话：福建省福州市荆东工业园 0591-59430809

为保护供需双方的合法权益，根据《中华人民共和国合同法》，经协商一致同意签订本合同。

一、品名

品名	单位	不含税单价	数量	金额
废钢	kg	2.60	200000.00	520000.00
磷铁	kg	3.00	3000.00	9000.00
铸造铁	kg	2.60	40000.00	104000.00
锡粒	kg	80.00	50.00	4000.00

合计人民币（大写）：陆拾叁万柒仟整（￥637000.00）

二、交货及验收

业务 19-5

（一）交货实行送货制，即：甲方应按订单所规定的时间将商品运至乙方所指定的交货地点交予乙方。

（二）甲方交货时，货到现场时商品从卸货到进入乙方仓库中所发生的搬运工作一律由甲方负责，货到现场时乙方收货人员仅点收箱数量或件数，以后乙方开箱时如发现商品数量、质量等不符合本合同的约定，则由甲方负责。

三、结算方式

乙方收货后验收无误入库后，收到甲方开具的增值税专用发票后付款。

……

八、1.合同正本一式二份，双方各执一份。2.本合同经双方签字盖章后生效。有效期限自2018年12月01日起至2018年12月31日止。

甲　　方：上海金水实业有限公司 	乙　　方：福建客家工业科技有限公司 
法定代表人：李乾坤	法定代表人：陈文
开户行：中国工商银行上海市青浦区支行	开户行：建行银行福州五一支行
账　　号：0100444645395952 4317	账　　号：3500020490524862 89066
日　　期：2018年12月01日	日　　期：2018年12月01日

实训七 会计档案的整理与归档

业务 20-1

收款收据 NO.00490055
2018年12月06日

今收到 秦泵
交来：归还公司代垫的医疗费（除社保局赔偿外）
现金收讫

金额（大写） 零拾 零万 壹仟 壹佰 肆拾 陆元 零角 零分

¥ 1146.00 ☑现金 □支票 □信用卡 □其他

核准 孙敏　会计 陈小梅　记账　出纳 林巧巧　经手人 秦泵

业务 21-1

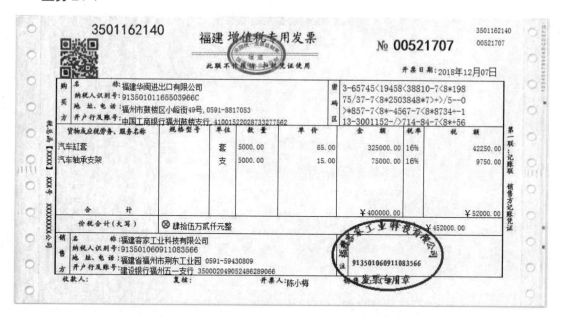

实训七 会计档案的整理与归档

业务 21-2

销售单

购货单位：福建华闽进出口有限公司　　地址和电话：福州市鼓楼区小浴街49号，0591-8817053　　单据编号：H1201
纳税识别号：91350101165503966C　　开户行及账号：中国工商银行福州鼓楼支行，4100152202873327756Z　　制单日期：2018-12-07

编码	产品名称	规格	单位	单价	数量	金额	备注
01	汽车缸套		套	65.00	5000.00	325000.00	不含税价
02	汽车轴承支架		支	15.00	5000.00	75000.00	不含税价
合计	人民币（大写）：肆拾万元整					￥400000.00	

总经理：陈文一　　销售经理：谢锐　　经手人：刘晓亮　　会计：陈小梅　　签收人：李志明

业务 21-3

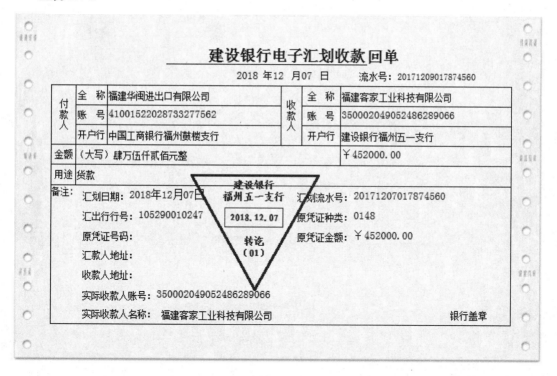

业务 21-4

购销合同

供方：福建客聚工业科技有限公司　　　　　合同号：201812001
需方：福建华闽进出口有限公司　　　　　　签订日期：2018年12月07日

经双方协议，订立本合同如下：

产品型号	名称	数量	单价	总额	其他要求
	汽车缸套	5000.00	65.00	325000.00	不含税价
	汽车轴承支架	5000.00	15.00	75000.00	不含税价
	合计			400000.00	

货款总计（大写）：人民币肆拾万元整

质量验收标准：合格

交货日期：2018年12月07日

交货地点：福建省福州市阳光北大街138号

结算方式：一次性付款

违约条款：违约方须赔偿对方一切经济损失。但遇天灾人祸或其它人力不能控制之因素而导致延误交货，需方不能要求供方赔偿任何损失。

解决合同纠纷的方式：经双方友好协商解决，如协商不成的，可向当地仲裁委员会提出申诉解决。
本合同一式两份，供需双方各执一份，自签定之日起生效。

供方（盖章）：福建客聚工业科技有限公司　　　需方（盖章）：福建华闽进出口有限公司
地址：福建省福州市荆东工业园　　　　　　　　地址：福州市仓山区上街49号
法定代表人：陈文一　　　　　　　　　　　　　法定代表人：邓舒琳
联系电话：0591-59480809　　　　　　　　　　联系电话：0591-16817053

业务 22-1

业务 22-2

业务 22-3

购销合同

供方：福建客家工业科技有限公司　　　　　　　合同号：201812002
需方：福建科勤有限公司　　　　　　　　　　　签订日期：2018年12月04日

经双方协议，订立本合同如下：

产品型号	名称	数量	单价	总额	其他要求
	汽车缸套	5000.00	65.00	325000.00	不含税价
	汽车轴承支架	5000.00	15.00	75000.00	不含税价
合计				400000.00	

货款总计（大写）：人民币肆拾万元整

质量验收标准：合格

交货日期：2018年12月07日

交货地点：福建省福州市阳光北大街138号

结算方式：到货后30支付

违约条款：违约方须赔偿对方一切经济损失。但遇天灾人祸或其它人力不能控制之因素而导致延误交货，需方不能要求供方赔偿任何损失。

解决合同纠纷的方式：经双方友好协商解决，如协商不成的，可向当地仲裁委员会提出申诉解决。

本合同一式两份，供需双方各执一份，自签定之日起生效。

供方（盖章）：福建客家工业科技有限公司	需方（盖章）：福建科勤有限公司
地址：福建客家州市荆南工业园	地址：福建省福州市阳光北大街138号
法定代表人：陈文一	法定代表人：刘宇江
联系电话：0591-58450809	联系电话：0591-8291132

业务 23-1

收 料 单

供应单位：福建华鸥有限公司　　　　　　　　2018年12月07日　　　　　编号：S12007
材料类别：周转材料　　　　　　　　　　　　　　　　　　　　　　　收料仓库：材料库

材料编号	材料名称	规格	计量单位	数量 应收	数量 实收	实际价格 单价	实际价格 发票金额	实际价格 运杂费	实际价格 合计	计划价格 单价	计划价格 金额
周转材料	短皮手套		双	300	300						
周转材料	防尘口罩		个	300	300						
周转材料	梅花扳手1719		把	100	100						
周转材料	美工刀		把	100	100						

备注：
部门经理：潘山林　　会计：郑灿　　仓库：张新州　　经办人：林卫东

业务 23-2

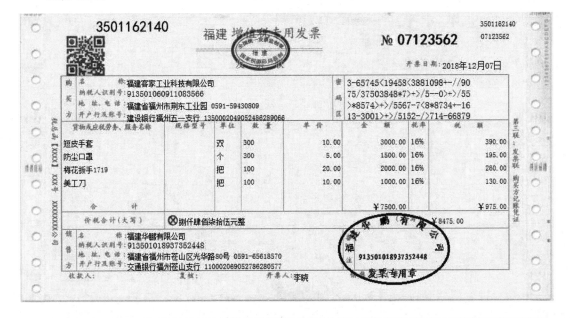

业务 23-3

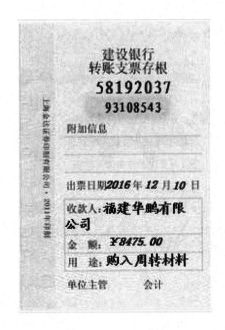

实训七 会计档案的整理与归档

业务 24-1

业务 24-2

业务 24-3

购销合同

供方：上海金水实业有限公司（以下简称为甲方）

法定代表人：李乾坤

地址及电话：上海市青浦区广安街5号 021-7784173

需方：福建客家工业科技有限公司（以下简称为乙方）

法定代表人：陈文一

地址及电话：福建省福州市荆东工业园 0591-59430809

为保护供需双方的合法权益，根据《中华人民共和国合同法》，经协商一致同意签订本合同。

一、

品名	单位	不含税单价	数量	金额
增碳剂	kg	2.80	17000.00	47600.00
孕育剂	kg	7.50	9500.00	71250.00
膨润土	kg	0.90	22000.00	19800.00

合计人民币（大写）：壹拾叁万捌仟陆佰伍拾元整（￥138650.00）

二、交货及验收

（一）交货实行送货制，即：甲方应按订单所规定的时间将商品运至乙方所指定的交货地点交予乙方。

业务 24-4

（二）甲方交货时，货到现场时商品从卸货到进入乙方仓库中所发生的搬运工作一律由甲方负责，货到现场时乙方收货人员仅点收箱数量或件数，以后乙方开箱时如发现商品数量、质量等不符合本合同的约定，则由甲方负责。

三、结算方式

乙方收货后验收无误入库后，收到甲方开具的增值税专用发票后付款。

……

八、1.合同正本一式二份，双方各执一份。2.本合同经双方签字盖章后生效。有效期限自2018年12月01日起至2018年12月31日止。

甲　方：上海金水实业有限公司　　　乙　方：福建客家工业科技有限公司

法定代表人：李乾坤　　　　　　　　法定代表人：陈文一

开户行：中国工商银行上海市青浦区支行　开户行：兴业银行福州五一支行

账　号：310044464539595243117　　账　号：350002049052486289066

日　期：2018年12月01日　　　　　日　期：2018年12月01日

业务 24-5

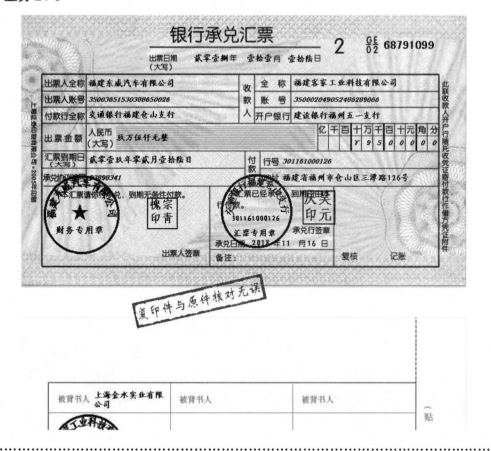

业务 24-6

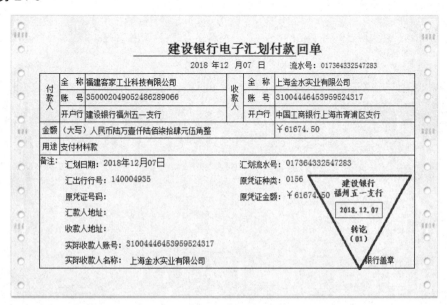

业务 25-1

中国建设银行电子汇划收款回单

2018 年 12 月 08 日　　流水号：0017866580

付款人	全　称	福州有利化工有限公司	收款人	全　称	福建客家工业科技有限公司
	账　号	41001042986887254		账　号	35000204905248628906
	开户行	中国工商银行福州仓山支行		开户行	建设银行福州五一支行
金额	（大写）伍万陆仟贰佰伍拾元整			￥56250.00	
用途	违约金				
备注	汇划日期：2018年12月08日　　汇划流水号：0017866580 汇出行行号：102290004333　　凭证种类：0176 原凭证号码：　　　　　　　　　凭证金额：￥56250.00 汇款人地址： 收款人地址： 实际收款人账号：35000204905248628906 实际收款人名称：福建客家工业科技有限公司				银行盖章

（建设银行福州五一支行 2018.12.08 转讫 (01)）

业务 25-2

收 款 收 据　　NO.05719729

2018 年 12 月 08 日

今　收　到	福州有利化工有限公司
交　来	合同违约金　　收讫章
金额（大写）	零佰　零拾　伍万　陆仟　贰佰　伍拾　零元　零分
￥ 56250.00	□现金　□支票　□信用卡　☑其他

核准陈文一　　会计陈小梅　　记账　　出纳林巧巧　　经手人陈小梅

业务 25-3

购销合同

供方：福州有利化工有限公司（以下简称为甲方）

法定代表人：郭香芹

地址：福州市仓山区祥岭西路35号，059152174055

需方：福建客家工业科技有限公司（以下简称为乙方）

法定代表人：陈文一

地址：福建省福州市荆东工业园 0591-59430809

为保护供需双方的合法权益，根据《中华人民共和国合同法》，经协商一致同意签订本合同。

一、品名　　　单位　　　单价（不含税）　　数量　　　金额

　　紫铜　　　公斤　　　　45.00　　　　　25000　　1125000.00

　合计人民币（大写）：壹佰壹拾贰万伍仟元整　　（￥1125000.00）

二、交货及验收

（一）交货实行送货制，即：甲方应按订单所规定的时间将商品运至乙方所指定的交货地点交予乙方。

业务 25-4

（二）甲方交货时，货到现场时商品从卸货到进入乙方仓库中所发生的搬运工作一律由甲方负责，货到现场时乙方收货人员仅点收箱数量或件数，以后乙方开箱时如发现商品数量、质量等不符合本合同的约定，则由甲方负责。

（三）甲方交货时，应提供乙方订单复印件或传真件，甲方根据乙方订单复印件或传真件开具送货单，包括产品名称、规格、数量、单价、金额。乙方根据订单和送货单验收，点收完毕后，双方交接人员签字。

三、甲方不能按照本合同的规定履行交货义务且逾期2天以上，则按未交货物的价款（不含税价）的5%向乙方支付违约金。

……

十一、合同争议的解决方式

本合同在履行过程中发生的争议，由甲乙双方协商解决；协商不成的依法向人民法院提起诉讼。

十二、1.合同正本一式二份，双方各执一份。
2.本合同经双方签字盖章后生效，有效期限自2018年11月03日起至2018年12月03日。

甲方：福州育利化工有限公司

法定代表人：郭香芹

日期：2018年11月03日

乙方：福建客家工业科技有限公司

法定代表人：陈文一

日期：2018年11月03日

业务 25-5

违约责任认定书

致：福州有利化工有限公司

  本公司于2018年11月03日与贵公司签订购销合同，与贵公司约定交货期限为12月03日。现贵公司交货日期已到，未能按约交货，已经延迟5天时间，对我公司的生产经营造成严重影响。鉴于此，按照与贵公司的约定，本公司要求贵公司支付货物的价款（不含税价）的5%作为违约赔偿金。

  特此函告！

福建客家工业科技有限公司

2018年12月08日

实训七 会计档案的整理与归档

业务 26-1

所属部门	行政部门		姓名	陈文一	出差天数		自 12 月 06 至 12 月 08 日共		3 天	
出差事由	市场调查				借旅支费		日期 2018年11月30日		金额 ¥ 7000.00	
							应退款：¥1062.00		应补款：¥0.00	
出发		到达		起止地点	交通费	住宿费		伙食费		其他
月	日	月	日							
12	06	12	06	福建-广州	2400.00					
12	06	12	08	广州	110.20	667.80		330.00		
12	08	12	08	广州-福建	2430.00	现金收讫				
合计				零拾 零万 伍仟 玖佰 叁拾 捌元 零角 零分 ¥ 5938.00						

总经理：陈文一　财务经理：孙敏　部门经理：　　会计：陈小梅　出纳：林巧巧　报销人：陈文一

差旅费报销单
2018 年 12 月 08 日

业务 26-2

实训七　会计档案的整理与归档

业务 26-3

业务 26-4

实训七 会计档案的整理与归档

业务 26-5

业务 26-6

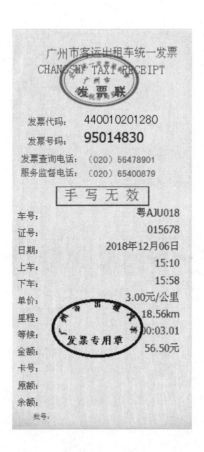

业务 26-7

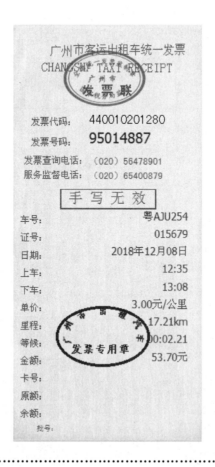

业务 27-1

用途及情况	金 额										收款单位(人)：佛山市顺德区联旺物资回收有限公司
支付材料款	亿	千	百	十	万	千	百	十	元	角	分	账 号：4400020690527862 80577
				¥	5	0	8	5	0	0	0	开户行：交通银行佛山顺德支行

付款申请书 2018年12月09日

金额（大写）合计：人民币伍万零捌佰伍拾元整 电汇：□ 信汇：□ 汇票：□ 转账：☑ 其他：□

总经理	陈文一	财务部门	经理	孙敏	业务部门	经理	林玉
			会计	陈小梅		经办人	李伟

业务 27-2

建设银行
转账支票存根
56113541
00023329

附加信息

出票日期 年 月 日

收款人：

金 额：

用 途：

单位主管 会计

上海金达证券印刷有限公司 · 2011年印制

中国建设银行 转账支票 56113541
00023329

付款期限自出票之日起十天

出票日期（大写） 年 月 日 付款行名称：建设银行福州五一支行

收款人： 出票人账号：3500002049052486289066

人民币（大写）	亿	千	百	十	万	千	百	十	元	角	分

用途 密码

上列款项请从 行号

我账户内支付

出票人签章 复核 记账

正面 背面

附加信息：	被背书人	被背书人
	背书人签章 年 月 日	背书人签章 年 月 日

（贴粘单处）

根据《中华人民共和国票据法》等法律法规的规定，签发空头支票由中国人民银行处以票面金额5%但不低于1000元的罚款。

上海金达证券印刷有限公司 · 2011年印制

正面 背面

业务 27-3

中国建设银行 进账单 （回 单） 1

年 月 日

出票人	全 称		收款人	全 称	
	账 号			账 号	
	开户银行			开户银行	
金额	人民币（大写）		亿 千 百 十 万 千 百 十 元 角 分		
票据种类		票据张数			
票据号码					
复核 记账			开户银行签章		

此联是开户银行交给持票人的回单

业务 27-4

业务 27-5

实训七 会计档案的整理与归档

业务 27-6

收料单

供应单位：佛山市顺德区联旺物资回收有限公司 编号：512007
材料类别：周转材料 2018 年 12 月 09 日 收料仓库：材料库

材料编号	材料名称	规格	计量单位	数量 应收	数量 实收	实际价格 单价	实际价格 发票金额	实际价格 运杂费	实际价格 合计	计划价格 单价	计划价格 金额
周转材料	刀具		套	1000	1000						
周转材料	砂轮		个	1000	1000						
周转材料	油类		瓶	500	500						

备注：
部门经理：潘山林   会计：郑灿   仓库：张新州   经办人：林卫东

业务 27-7

实训七 会计档案的整理与归档

业务 28-1

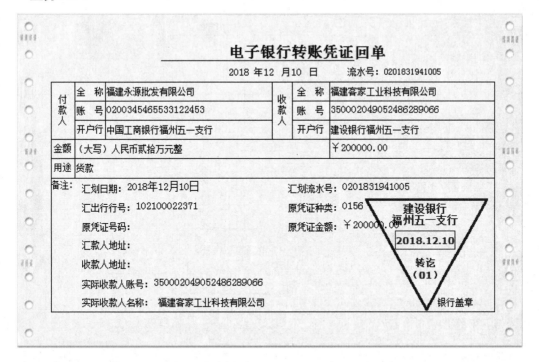

业务 29-1

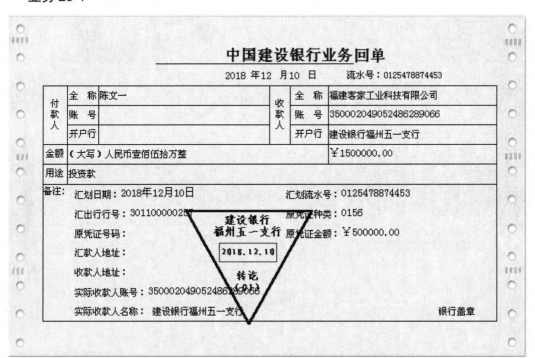

业务 29-2

验 资 报 告

福建客家工业科技有限公司： 2018年通验字（0634）号

  我们接受委托，审验了贵公司截至2018年12月10日止新增注册资本实收情况。按照国家相关法律、法规的规定和协议、章程的要求出资，提供真实、合法、完整的验资资料，保护资产的安全、完整是全体股东及贵公司的责任。我们的责任是对贵公司新增注册资本的实收情况发表审验意见。我们的审验是依据《中国注册会计师审计准则第1602号-验资》进行的。在审验过程中，我们结合贵公司的实际情况，实施了检查等必要的审验程序。

  贵公司原注册资本为人民币壹仟贰佰万元整，实收资本为人民币壹仟贰佰根据贵公司股东会决议和修改后章程的规定，贵公司申请增加注册资本人民币壹佰万元整，并于2018年12月10日之前交付，变更后的注册资本人民币壹仟叁佰万元整。陈文一新增实收资本壹佰万元整资本公积伍拾万元整。经我们审验，截至2018年12月10日止，贵公司已缴清款项。

  同时我们注意到，贵公司本次增资前的注册资本人民币壹仟贰佰万元整，实收资本人民币壹仟贰佰万元整，已经福建中天会计师事务所审验，并于2018年06月01日出具2017年通验字（0267）号验资报告。

业务 29-3

　　截至2018年12月10日止，变更后的累计注册资本实收金额为人民币壹仟贰佰伍拾万元整。

　　本验资报告供贵公司申请变更登记及据以向股东签发出资证明时使用，不应将其视为对贵公司验资报告日后的资本保全、偿债能力和持续经营能力等的保证。因使用不当造成的后果，与执行本验资业务的注册会计师及会计师事务所无关。

福建立诚会计师事务所　　　　中国注册会计师：

中国·福建　　　　　　　　　　中国注册会计师：

　　　　　　　　　　　　　　　2018年12月10日

业务 30-1

业务 30-2

业务 31-1

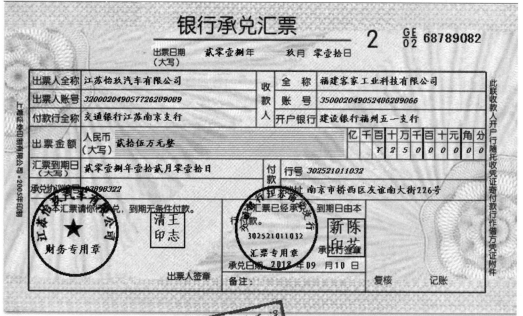

业务 31-2

托收凭证 (汇款依据或收账通知)			4	
委托日期 2018 年 12 月 10 日			付款期限 年 月 日	
业务类型	委托收款（□邮划、☑电划）		托收承付（□邮划、□电划）	
付款人	全称 交通银行江苏南京支行	收款人	全称 福建客家工业科技有限公司	
	账号		账号 35000204905248 6289066	
	地址 江苏 省 南京 市/县 开户行 南京支行		地址 福建 省 福州 市/县 开户行 建设银行福州五一支行	
金额	人民币（大写）贰拾伍万元整		￥2500000 0	
款项内容	货款	银行承兑汇票	附寄单证张数	1
商品发运情况	货物已发送	转讫	合同名称号码 俏2145875	
备注：	上列款项已划回收入你方账户内。			
复核	记账	收款人开户银行签章 2018 年 12 月 10 日		

（加盖"建设银行福州五一支行 托收凭证 2018.12.10 转讫"印章）

业务 32-1

股权转让协议

转让方：　无锡开普有限公司

受让方：　福建客家工业科技有限公司

一、根据《中华人民共和国公司法》第七十二条的规定，并经公司股东会会议决议，股东 无锡开普有限公司 同意将其在福建东方有限公司30%股权以货币资金 ￥3500000.00元（人民币叁佰伍拾万元整） 转让给受让方福建客家工业科技有限公司。

二、依照本协议转让的股权于 2018 年12月12日实施，即受让方通过转账支票将股权收购款支付给转让方。

三、转让方自本协议规定的股权转让之日起，不再享受任何股东权利，同时也不对 福建东方有限公司 承担任何责任。

四、受让方自本协议规定的股权转让之日起，应当依法以其受让的股权为限，享受股东权利，同时也承担股东责任。

五、如有一方违反本协议的，应协商解决；协商不成时，任何一方均可向有管辖权的人民法院依法起诉。

六、本协议经双方当事人签名、盖章后生效。

转让方（签字、盖章）：　　　　　受让方（签字、盖章）：

法定（授权）代表人：　　　　　　法定（授权）代表人：

实训七 会计档案的整理与归档

业务 32-2

```
建设银行
转账支票存根
05812941
68721941

附加信息

出票日期 2018 年 12 月 12 日
收款人：无锡开善有限公司
金　额：￥3500000.00
用　途：股权投资款

单位主管　　会计
```

业务 33-1

收　款　收　据　　NO.00490021
2018 年 12 月 12 日

今　收　到 刘晓萌　　　　现金收讫

交　来：罚款

金额（大写）　零佰　零拾　零万　零仟　贰佰　零拾　零元　零角　零分

￥ 200.00　　☑现金　□支票　□信用卡　□其他

核准 孙敏　　会计 陈小梅　　记账 陈小梅　　出纳 林巧巧　　经手人 刘晓明

第三联 交财务

业务 34-1

业务 35-1

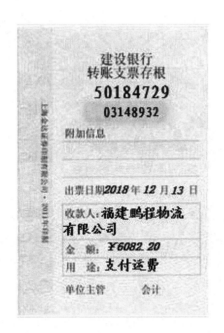

业务 35-2

中国建设银行 进账单 （回 单） 1

2018年 12月 13日

出票人	全称	福建客家工业科技有限公司	收款人	全称	福建鹏程物流有限公司
	账号	35000204905248628906		账号	41006152201703245087
	开户银行	建设银行福州五一支行		开户银行	中国工商银行福州五一支行

金额（人民币大写）：陆仟零捌拾贰元贰角整　￥6082.20

票据种类：转账支票　票据张数：1
票据号码：03148932

复核　记账　开户银行签章

此联是开户银行交给持票人的回单

业务 35-3

福建 增值税专用发票　No 29375735

3501162130

开票日期：2018年12月13日

购买方：
名称：福建客家工业科技有限公司
纳税人识别号：913501060911083566
地址、电话：福建省福州市荆东工业园　0591-59430809
开户行及账号：建设银行福州五一支行　35000204905248628906

货物或应税劳务、服务名称	规格型号	单位	数量	单价	金额	税率	税额
运费		次	1	5580.00	5580.00	9%	502.20
合 计					￥5580.00		￥502.20

价税合计（大写）：⊗陆仟零捌拾贰元贰角整　￥6082.20

销售方：
名称：福建鹏程物流有限公司
纳税人识别号：91350105777845184K
地址、电话：福州市仓山区王村北街46号，0591-5223168
开户行及账号：交通银行福州仓山支行，41006152201703245087

收款人：　复核：　开票人：柴海露

（发票专用章：福建鹏程物流有限公司 91350105777845184K）

实训七 会计档案的整理与归档

业务 36-1

业务 36-2

业务 36-3

购销合同

供方：福建客家工业科技有限公司　　　　　　合同号：201812003
需方：辉门（中国）有限公司　　　　　　　　签订日期：2018年12月14日

经双方协议，订立本合同如下：

产品型号	名称	数量	单价	总额	其他要求
	汽车缸套	4000.00	65.00	260000.00	不含税价
	汽车轴承支架	4000.00	15.00	60000.00	不含税价
	合计			￥320000.00	

货款总计（大写）：叁拾贰万元整

质量验收标准：合格

交货日期：2018年12月14日

交货地点：福建省福州市台江区珠江道225号

结算方式：月结

违约条款：违约方须赔偿对方一切经济损失。但遇天灾人祸或其它人力不能控制之因素而导致延误交货，需方不能要求供方赔偿任何损失。

解决合同纠纷的方式：经双方友好协商解决。如协商不成的，可向当地仲裁委员会提出申诉解决。

本合同一式两份，供需双方各执一份，自签定之日起生效。

供方（盖章）：福建客家工业科技有限公司　　　　需方（盖章）：辉门（中国）有限公司
地址：福建省福州市荆东工业园　　　　　　　　地址：福建省福州市台江区珠江道225号
法定代表人：陈文一　　　　　　　　　　　　　法定代表人：王树江
联系电话：0591-59430809　　　　　　　　　　联系电话：0591-86186518

业务 37-1

业务 37-2

实训七 会计档案的整理与归档

业务 38-1

业务 38-2

实训七 会计档案的整理与归档

业务 38-3

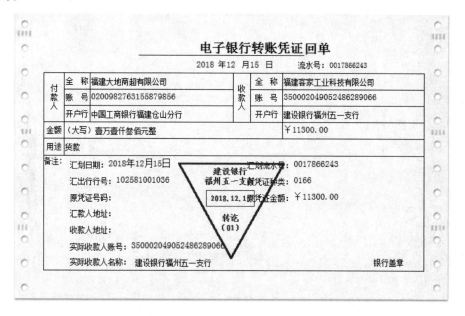

业务 39-1

工资结算汇总表

2018年11月30日 金额单位：元

部门		短期薪酬 应付工资	三险一金基数	代扣工资				个人所得税	小计	实发金额
				养老保险 8.00%	失业保险 0.2%	医疗保险 2.00%	住房公积金 12%			
生产车间	生产工人	266117.39	212750.00	17020.00	425.50	4465.00	25530.00	0.00	47440.50	218676.89
	管理人员	29608.90	43200.00	3456.00	86.40	882.00	5184.00	243.70	9852.10	19756.80
管理部门		56039.49	43560.00	3484.80	87.12	910.20	5227.20	275.00	9984.32	46055.17
销售部门		61224.80	33150.00	2652.00	66.30	687.00	3978.00	1555.60	8938.90	52285.90
合计		412990.58	332660.00	26612.80	665.32	6944.20	39919.20	2074.30	76215.82	336774.76

审核：孙敏 制单：陈小梅

业务 39-2

业务 39-3

业务 39-4

特色业务建设银行福州五一支行批量成功代付清单

机构代码：5719	机构名称：建设银行福州五一支行	入账日期：2018年12月15日
账号	姓名	金额
6222605810457922481	李丽芳	3897.00
6222605810457922482	陈国梁	3492.00
6222605810457922483	陈星	3488.80
6222605810457922490	秦志	3386.00
以下略	……	……
合计		336774.76

实训七 会计档案的整理与归档

业务 40-1

住房公积金计算表

2018年12月15日　　　　　　　　　　　　　　　　　　　金额单位：元

部门		缴费基数	短期薪酬（住房公积金）		
			企业承担部分	个人承担部分	小计
			12%	12%	
生产车间	生产工人	212750.00	25530.00	25530.00	51060.00
	管理人员	43200.00	5184.00	5184.00	10368.00
管理部门		43560.00	5227.20	5227.20	10454.40
销售部门		33150.00	3978.00	3978.00	7956.00
合计		332660.00	39919.20	39919.20	79838.40

审核：孙敏　　　　　　　　　　　　　　　　制单：陈小梅

业务 40-2

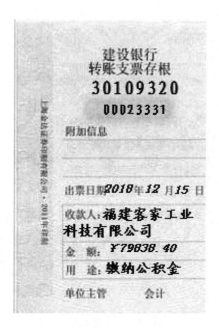

业务 40-3

业务 41-1

业务 41-2

社会保险费计算表

2018年12月15日 金额单位：元

部门		短期薪酬 缴费基数	短期薪酬 医疗保险 企业承担部分 10.00%	短期薪酬 医疗保险 个人承担部分 2%+3	短期薪酬 工伤保险 全部企业承担 0.20%	短期薪酬 生育保险 全部企业承担 0.80%	离职后福利 养老保险 企业承担部分 19.00%	离职后福利 养老保险 个人承担部分 8.00%	离职后福利 失业保险 企业承担部分 0.80%	离职后福利 失业保险 个人承担部分 0.20%	小计
生产车间	生产工人	212750.00	21275.00	4465.00	425.50	1702.00	40422.50	17020.00	1702.00	425.50	87437.50
	管理人员	43200.00	4320.00	882.00	86.40	345.60	8208.00	3456.00	345.60	86.40	17730.00
管理部门		43560.00	4356.00	910.20	87.12	348.48	8276.40	3484.80	348.48	87.12	17898.60
销售部门		33150.00	3315.00	687.00	66.30	265.20	6298.50	2652.00	265.20	66.30	13615.50
合计		332660.00	33266.00	6944.20	665.32	2661.28	63205.40	26612.80	2661.28	665.32	136681.60

审核：孙敏 制单：陈小梅

业务 42-1

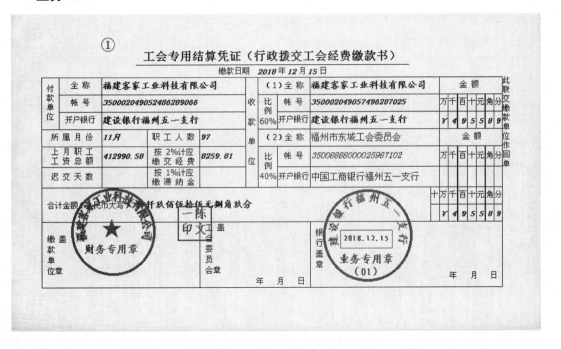

业务 42-2

业务 42-3

业务 43-1

业务 43-2

实训七　会计档案的整理与归档

业务 43-3

业务 44-1

业务 44-2

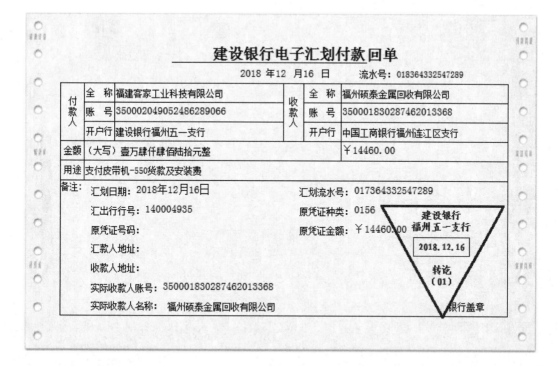

业务 44-3

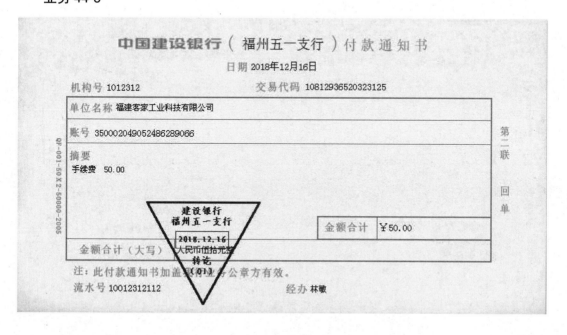

业务 45-1

固定资产验收单

2018 年 12 月 17 日　　　　　　　　　　　　编号：G0495

名称	规格型号	来源	数量	购（造）价	使用年限	预计残值
皮带机-550		外购	1	￥12500.00	10年	500.00
安装费	月折旧率	建造单位		交工日期		附件
	0.8%	福州硕泰金属回收有		2018年12月16日		
验收部门	生产车间	验收人员	徐志峰	管理部门	生产部	管理人员	汤忠清
备注	本设备已经调试好，可投入使用。					

审核：孙敏　　　　制单：陈小梅

业务 46-1

业务 46-2

销售单

购货单位: 福建华闽进出口有限公司		地址和电话: 福州市鼓楼区小峪街49号, 0591-8817053					单据编号: M1201	
纳税识别号: 91350101165503966C		开户行及账号: 中国工商银行福州鼓楼支行, 41001522028733277562					制单日期: 2018-12-17	
编码	产品名称	规格	单位	单价	数量	金额	备注	
01	火花塞		个	60.00	2000.00	120000.00	不含税价	
							不含税价	
合计	人民币(大写): 壹拾贰万元整					￥120000.00		
总经理: 陈文一	销售经理: 谢皖		经手人: 刘晓亮		会计: 陈小梅		签收人: 李志明	

业务 46-3

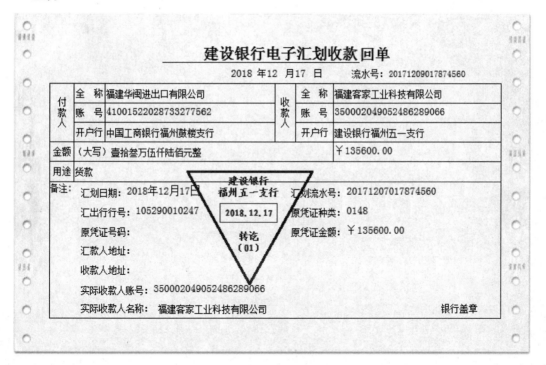

业务 46-4

购销合同

供方：福建客家工业科技有限公司　　　　合同号：201812004
需方：福建华闽进出口有限公司　　　　　　签订日期：2018年12月17日

经双方协议，订立本合同如下：

产品型号	名称	数量	单价	总额	其他要求
	火花塞	2000.00	60.00	120000.00	不含税价
	合计			120000.00	

货款总计（大写）：人民币壹拾贰万元整

质量验收标准：合格

交货日期：2018年12月17日

交货地点：福建省福州市阳光北大街138号

结算方式：一次性付款

违约条款：违约方须赔偿对方一切经济损失。但遇天灾人祸或其它人力不能控制之因素而导致延误交货，需方不能要求供方赔偿任何损失。

解决合同纠纷的方式：经双方友好协商解决，如协商不成的，可向当地仲裁委员会提出申诉解决。
本合同一式两份，签订双方各执一份，自签定之日起生效。

供方（签章）：福建客家工业科技有限公司　　　　需方（签章）：福建华闽进出口有限公司
地址：福建省福州市荆东工业园　　　　　　　　　地址：福州市鼓楼区阳光街49号
法定代表人：陈文一　　　　　　　　　　　　　　法定代表人：邓舒琳
联系电话：0591-58450809　　　　　　　　　　　联系电话：0591-18817053

实训七　会计档案的整理与归档

业务 47-1

业务 47-2

业务 47-3

购销合同

供方：福建客家工业科技有限公司　　　　　合同号：201812005
需方：福建永源批发有限公司　　　　　　　签订日期：2018年12月17日

经双方协议，订立本合同如下：

产品型号	名称	数量	单价	总额	其他要求
	汽车缸套	8000.00	65.00	520000.00	不含税价
	汽车轴承支架	8000.00	15.00	120000.00	不含税价
	合计			640000.00	

货款总计（大写）：陆拾肆万元整

质量验收标准：合格

交货日期：2018年12月17日

交货地点：福州市仓山区前进路四檀坡4号

结算方式：前期已预收人民币贰拾万元整（¥200000.00）其余到货后30支付

违约条款：违约方须赔偿对方一切经济损失，但退天灾人祸或其它人力不能控制之因素而导致延误交货，需方不能要求供方赔偿任何损失。

解决合同纠纷的方式：经双方友好协商解决，如协商不成的，可向当地仲裁委员会提出申诉解决。
本合同一式两份，双方各执一份，自签定之日起生效。

供方（盖章）：福建客家工业科技有限公司　　　需方（盖章）：福建永源批发有限公司
地址：福建省福州市荆东工业园　　　　　　　地址：福州市仓山区前进路四檀坡4号
法定代表人：陈文一　　　　　　　　　　　　法定代表人：陈峻峰
联系电话：0591-59450809　　　　　　　　　　联系电话：0591-8560088

实训七 会计档案的整理与归档

业务 48-1

电子银行转账凭证回单

2018 年 12 月 18 日   流水号：017293718491682

付款人	全称	福建客家工业科技有限公司	收款人	全称	福建安信证券仓山营业部
	账号	35000204905248628906		账号	41008888000065845883
	开户行	建设银行福州五一支行		开户行	中国工商银行福州仓山支行

金额	（大写）人民币贰佰万元整	￥2000000.00
用途	对外投资	

备注：汇划日期：2018年12月18日　　汇划流水号：017293718491682
汇出行行号：102161000197　　原凭证种类：0129
原凭证号码：　　原凭证金额：￥2000000.0
汇款人地址：
收款人地址：
实际收款人账号：41008888000065845883
实际收款人名称：福州安信证券仓山营业部

建设银行
福州五一支行
2018.12.18
转讫
（01）
银行盖章

业务 49-1

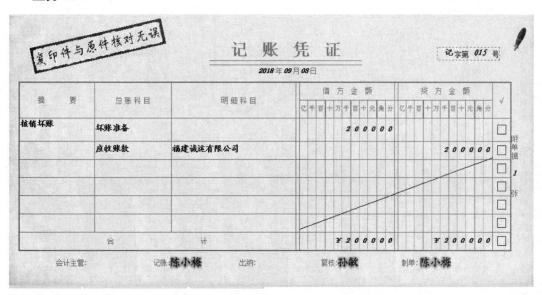

业务 49-2

通知函

致福建客家工业科技有限公司：

我公司于2018年12月18日重新营业，特此通知。

所欠贵公司货款将于本月还清，造成不便，敬请谅解！

福建鸿运有限公司

2018年12月19日

业务 50-1

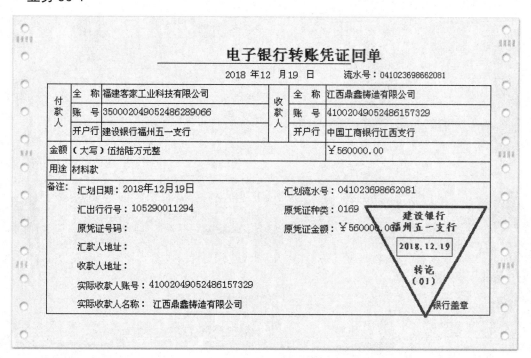

实训七 会计档案的整理与归档

业务 51-1

报 销 单   现金付讫

填报日期 2018 年 12 月 19 日   单据及附件共 1 张

| 姓名 | 李伟 | 所属部门 | 管理部门 | 报销形式 | 现金 |
| | | | | 支票号码 | |

报销项目	摘要	金额	备注：
招待费	报销招待费	5500.00	
合计		¥5500.00	

金额大写：零 拾零 万伍 仟伍 佰零 拾零 元零 角零 分   原借款：¥3000.00 元   应退款：¥0.00 元   应补款：¥2500.00 元

总经理：陈文一   财务经理：孙敏   部门经理：陈文一   会计：陈小梅   出纳：林巧巧   领款人：李伟

业务 51-2

福建 增值税普通发票 № 28135056
3501161120
开票日期：2018年12月19日

购买方：福建客家工业科技有限公司
纳税人识别号：913501060911083566
地址、电话：福建省福州市荆东工业园 0591-59430809
开户行及账号：建设银行福州五一支行 35000204905248628906

货物或应税劳务、服务名称	规格型号	单位	数量	单价	金额	税率	税额
餐饮服务费			1	5188.68	5188.68	6%	311.32
合计					¥5188.68		¥311.32

价税合计（大写）：伍仟伍佰元整   ¥5500.00

销售方：福州正历山大酒店
纳税人识别号：913501027717590166
地址、电话：福州市鼓楼区三环中路5号 0591-28411066
开户行及账号：中国工商银行福州鼓楼支行 35000318239124099099

收款人：   复核：   开票人：黄丽阳

（发票专用章 福州正历山大酒店 913501027717590166）

实训七 会计档案的整理与归档

业务 52-1

业务 52-2

业务 52-3

业务 52-4

业务 52-5

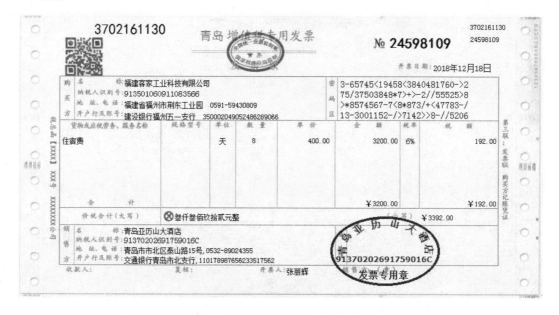

业务 53-1

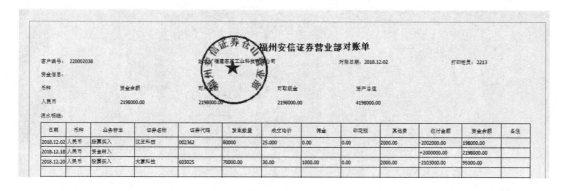

业务 54-1

业务 54-2

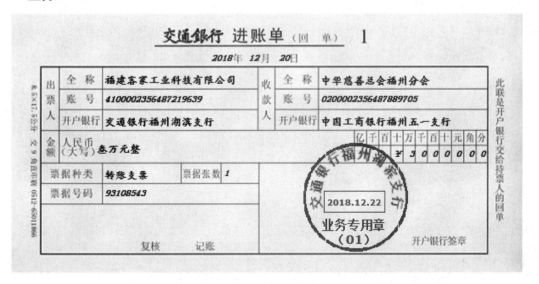

业务 54-3

业务 55-1

业务 55-2

编码	产品名称	规格	单位	单价	数量	金额	备注
01	汽车缸套		套	65.00	3000.00	195000.00	不含税价
02	汽车轴承支架		支	15.00	3000.00	45000.00	不含税价
合计	人民币（大写）：					240000.00	

购货单位：上海三都汽车有限公司
地址和电话：上海市徐汇区虹梅街道102号，02187179564
单据编号：XS20103
纳税识别号：91310104125130B396
开户行及账号：交通银行上海徐汇支行，650488880000357375
制单日期：2018-12-20
总经理：陈文一　销售经理：谢统　经手人：刘晓亮　会计：陈小梅　签收人：辛伟

业务 55-3

业务 55-4

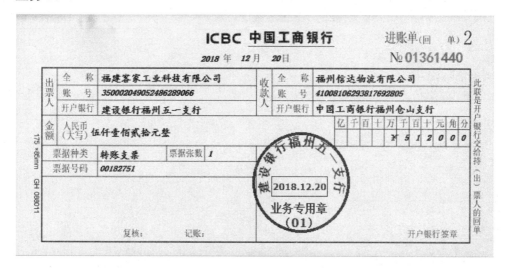

业务 56-1

业务 56-2

销售退货协议

甲方：福建客家工业科技有限公司

乙方：福建科勒有限公司

根据销售合同规定：

2018年12月份，甲方销售的汽车缸套和汽车轴承支架存有瑕疵，但基本上不影响使用。为了维护和巩固双方的长期友好合作关系，经乙方要求退货，具体如下：

名称：汽车缸套、汽车轴承支架

应做出退货的销售额（不含税）：400000.00元（2018年12月07日采购）请乙方按照协议要求，尽快开出折让证明，以便双方财务结算。

甲方：福建客家工业科技有限公司　　乙方：福建科勒有限公司

日期：2018年12月20日　　　　　　日期：2018年12月20日

业务 57-1

业务 57-2

实训七 会计档案的整理与归档

业务 57-3

中国建设银行进账单（回单） 1

2018 年 12 月 20 日

出票人	全称	福建客家工业科技有限公司	收款人	全称	福州明大律师事务所
	账号	35000204905248628906		账号	6504303878304718478
	开户银行	建设银行福州五一支行		开户银行	交通银行福五一支行

金额 人民币（大写）陆仟叁佰陆拾元整　　¥ 6 3 6 0 0 0

票据种类	转账支票	票据张数	1
票据号码	72918280		

复核　　记账

开户银行签章 2018.12.20
建设银行福州五一支行
业务专用章（01）

此联是开户银行交给持票人的回单

业务 58-1

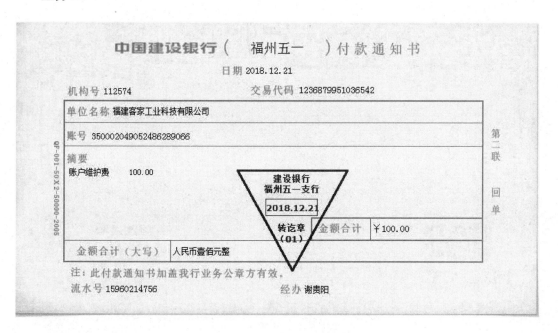

业务 58-2

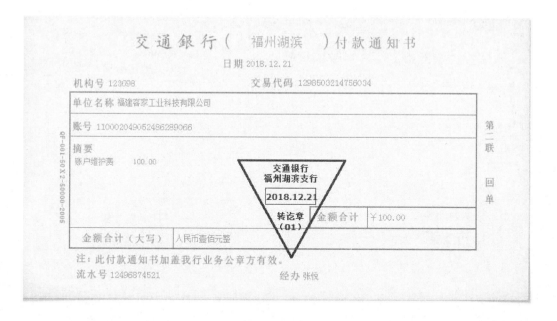

业务 59-1

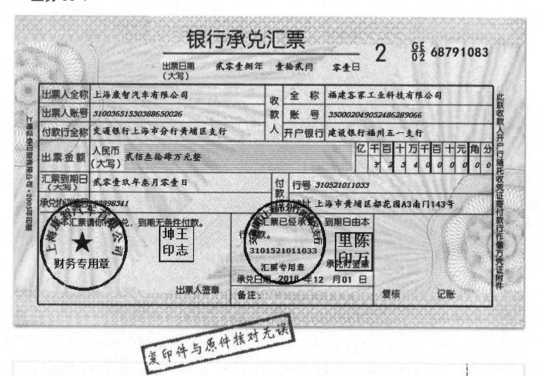

业务 59-2

业务 59-3

业务 59-4

贴现凭证（贷方凭证）③

填写日期 2018 年 12 月 21 日　　第 001 号

贴现汇票	种　类	银行承兑汇票	号码	68791083	申请人	名　称	福建惢家工业科技有限公司
	出票日	2018 年 12 月 01 日				账　号	35000204905248628 9066
	到期日	2019 年 03 月 01 日				开户银行	建设银行福州五一支行

| 汇票承兑人（或银行） | 名称 | 交通银行上海市分行黄埔区支行 | 账号 | | 开户银行 | |

汇票金额（即贴现金额）　人民币（大写）　贰佰叁拾肆万元整　　¥ 2 3 4 0 0 0 0 0

贴现率 每月 6‰　贴现利息　　　　　实付贴现金额

备注：

科目（贷）_____
对方科目（借）_____

复核　　记账

业务 59-5

贴现凭证（收款通知）④

填写日期 2018 年 12 月 21 日　　第 001 号

贴现汇票	种　类	银行承兑汇票	号码	68791083	申请人	名　称	福建惢家工业科技有限公司
	出票日	2018 年 12 月 01 日				账　号	35000204905248628 9066
	到期日	2019 年 03 月 01 日				开户银行	建设银行福州五一支行

| 汇票承兑人（或银行） | 名称 | 交通银行上海市分行黄埔区支行 | 账号 | | 开户银行 | |

汇票金额（即贴现金额）　人民币（大写）　贰佰叁拾肆万元整　　¥ 2 3 4 0 0 0 0 0

贴现率 每月 6‰　贴现利息　　　　　实付贴现金额

上述款项已入你单位账号。

此致

贴现申请人　　　　　　　银行盖章

备注：

业务 59-6

贴 现 凭 证 (到期卡) ⑤

填写日期　2018 年　12 月　21 日　　第　001　号

贴现汇票	种类	银行承兑汇票	号码	68791083	申请人	名称	福建客家工业科技有限公司
	出票日	2018 年 12 月 01 日				账号	35000204905248628066
	到期日	2019 年 03 月 01 日				开户银行	建设银行福州五一支行

汇票承兑人(或银行)	名称	交通银行上海市分行黄埔区支行	账号		开户银行	

汇票金额(即贴现金额)	人民币(大写) 贰佰叁拾肆万元整	千 百 十 万 千 百 十 元 角 分
		￥ 2 3 4 0 0 0 0 0

贴现率 每月	6 ‰	贴现利息		实付贴现金额	

备注：

科目(贷) _____
对方科目(借) _____

年　月　日　　　复核　　记账

此联会计部门按到期日排列保管，到期日作贴现贷方凭证

业务 60-1

建设银行 (福州五一) 计付存款利息清单 (收款通知)

2018 年 12 月 21 日

单位名称：	福建客家工业科技有限公司				
结算账号：	35000204905248628066		存款账号：35000204905248628066		
编号	计息类型	计息起讫日期	计息积数	利率	利息金额
	活期储蓄存款	2018-09-21~2018-12-20	279138857.14	0.35%	2713.85
摘要：利息			转讫(01) 建设银行福州五一支行 2018.12.21	金额合计	￥2713.85
金额合计（大写）人民币贰仟柒佰壹拾叁元捌角伍分					

复核　　　　　　　记账

业务 60-2

交通银行（福州湖滨）计付存款利息清单 （收款通知）

2018年 12月 21日

单位名称:	福建客家工业科技有限公司				
结算账号:	4100002356487219639		存款账号: 4100002356487219639		
编号	计息类型	计息起讫日期	计息积数	利率	利息金额
	活期储蓄存款	2018-09-21~2018-12-20	44673942.86	0.35%	434.33
摘要: 利息			转讫 (01)	金额合计	￥434.33
金额合计（大写）人民币肆佰叁拾肆元叁角叁分					
			复核		记账

（交通银行 福州湖滨支行 2018.12.21）

业务 61-1

厂房大修理决议

　　根据公司章程以及公司财务管理制度的有关规定，由于3#厂房年久失修，存在较大安全隐患，经董事会研究批准，现对3#厂房进行大修理。

企业名称 福建客家工业科技有限公司

法定代表人：陈__

日期：2018年12月21日

业务 61-2

固定资产折旧明细表

2018年12月21日   单位：元

类别及名称	使用日期	年限	残值率	单价	数量	原值	年折旧率	期末净值	月折旧额	累计折旧
3#厂房	2015-3-1	20	4%	1230000.00	1	1230000.00	4.8%	1008600.00	4920.00	221400.00

审核：孙敏   制单：陈小梅

业务 62-1

非专利技术转让合同

甲方：福州惠达紧固件有限公司（非专利技术转让方）

乙方：福建客家工业科技有限公司（非专利技术受让方）

甲、乙双方本着互惠互利的原则，经协商一致，对非专利技术转让达成如下协议：
一、非专利技术转让的价款
经双方协商一致，此项非专利技术的转让价为人民币壹佰壹拾玖万捌仟元整（￥1198000.00）。
二、非专利技术资料
转让方应出示非专利技术资料包括：国家知识产权局《实用新型专利证书》、《专利收费收据》（最近期）；国家知识产权局《通知书》若干份；设计图等。

三、转让方式和试制

本合同为非专利技术转让合同。转让方确认收到受让方的全部转让费为正式非专利技术转让标志。试制期内，转让方收到了（1）首期付款和（2）该产品的企业标准或说明书（3）产品资料、照片，标志试制成功，执行本合同全部条款。试制期内，转让方收到了（1）企业标准或说明书和（2）试制失败不同产品照片贰张，标志试制失败，受让方不支付转让费，本合同终止。

四、违约及赔偿

合同执行过程中，由于一方的过错导致合同无法继续履行的，由此方承担违约

业务 62-2

赔偿责任。

五、纠纷及解决方式

双方在履行合同发生争议时，应按本合同条款，友好协商，自行解决。双方不能协商解决争议的，提请上海市知识产权局调处。对调处决定不服或知识产权局不予调处的，向人民法院起诉。
……

十二、其他
本合同自签约日起生效。本合同用中文打印，一式六份，转让方、受让方、合同签订地的公证处、合同签订地的技术合同登记机关及双方所在地的专利管理部门各存一份。

甲方：福州惠达紧固件有限公司　　　　　乙方：福建客家工业科技有限公司

法定代表人：许尘蓓　　　　　　　　　　法定代表人：陈文一

地址：福州市鼓楼区蒲城路13号　　　　　地址：福建省福州市荆东工业园

电话：0591-83900825　　　　　　　　　　电话：0591-69430809

签订日期：2018年12月21日　　　　　　　签订日期：2018年12月21日

业务 62-3

业务 62-4

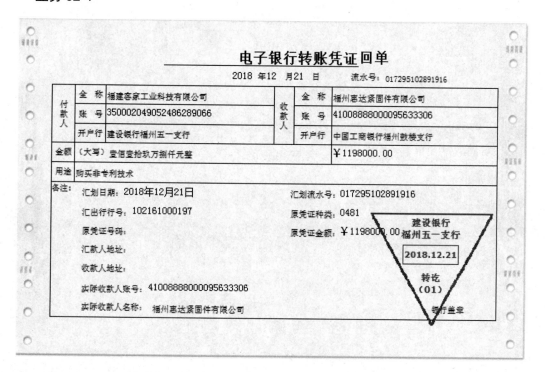

业务 63-1

业务 64-1

业务 64-2

业务 64-3

实训七　会计档案的整理与归档

业务 65-1

收 料 单

供应单位：福建永丰之江水泥厂　　　　　　　　　　　　　　　　　　　　编号：R016
材料类别：原材料　　　　　　　　　　2018 年 12 月 23 日　　　　　　　　　收料仓库：材料库

材料编号	材料名称	规格	计量单位	数量		实际价格				计划价格	
				应收	实收	单价	发票金额	运杂费	合计	单价	金额
D03	水泥		吨	10	10						

备注：
部门经理：汤举鹤　　　会计：陈小梅　　　仓库：张新州　　　经办人：易炯荷

会计联

业务 65-2

领 料 单

领料部门：工程部
用　途：3#厂房大修理　　　　2018 年 12 月 23 日　　　　第 018 号

材料			单位	数量		成本	总价							
编号	名称	规格		请领	实发	单价	百	十	万	千	百	十	元	角	分
D03	水泥		吨	10	10										
合计															

部门经理：谭硅缘　　　会计：陈小梅　　　仓库：张新州　　　经办人：李火源

会计联

实训七 会计档案的整理与归档

业务 66-1

报 销 单

填报日期：2018 年 12 月 24 日　　　　　单据及附件共 1 张

姓名	刘宇	所属部门	行政部门	报销形式	现金		
				支票号码			
报销项目		摘　要		金　额		备注：	
垃圾清理费		报销垃圾清理费		现金付讫 837.00			
合　　　计				￥837.00			
金额大写：零 拾零 万零 仟捌 佰叁 拾柒 元零 角零 分				原借款： 0.00 元		应退(补)款： 837.00 元	
总经理：陈文一　　财务经理：孙敏　　部门经理：陈文一　　会计：陈小梅　　出纳：林巧巧　　报销人：刘宇							

业务 66-2

3501161120　　福建 增值税普通发票　　№ **30901331**　　3501161120 / 30901331

校验码 42313 34633 64366 24610　　开票日期：2018年12月24日

购买方	名　　　称：	福建客家工业科技有限公司	密码区	3-65745<384047519458<84>93/ 75/375038*7)+>-2/5-8479->7* >*8574567-7<8*873/+<1868*3/ 13-3001152-/>7142>>809+7<24
	纳税人识别号：	913501060911083566		
	地　址、电　话：	福建省福州市荆东工业园 0591-59430809		
	开户行及账号：	建设银行福州五一支行 35000204905248628906		

货物或应税劳务、服务名称	规格型号	单位	数量	单价	金额	税率	税额
垃圾清理费			2	394.81	789.62	6%	47.38
合　计					￥789.62		￥47.38
价税合计(大写)	⊗捌佰叁拾柒元整					￥837.00	

销售方	名　　　称：	福建小雨家政有限公司		
	纳税人识别号：	913501120911173285		
	地　址、电　话：	福州市台江区和平北路44号 0591-18114012		
	开户行及账号：	交通银行福州台江支行 110002049052486226914		

收款人：　　　　复核：　　　　开票人：张琳　　　　销售方：发票专用章

实训七 会计档案的整理与归档

业务 66-3

收款收据
NO.84192758

2018年12月24日

今 收 到 福建客家工业科技有限公司

交 来：垃圾清理费

现金收讫

金额（大写） 零佰 零拾 零万 零仟 捌佰 叁拾 柒元 零角 零分

¥ 837.00 ☑现金 □支票 □信用卡 □其他

核准　　会计　　记账　　出纳 吕丹丹　　经手人

（福建小刘家家政有限公司 财务专用章）

业务 67-1

借款单
现金付讫

2018年12月25日　　第 001 号

借款部门	销售部	姓名	刘晓亮	事由	出差
借款金额（大写）	零万 叁仟 零佰 零拾 零元 零角 零分			¥ 3000.00	
部门负责人签署	谢皖	借款人签章	刘晓亮	注意事项	一、凡借用公款必须使用本单 二、出差返回后三天内结算
单位领导批示	陈文一	财务经理审核意见	孙敏		

业务 68-1

业务 68-2

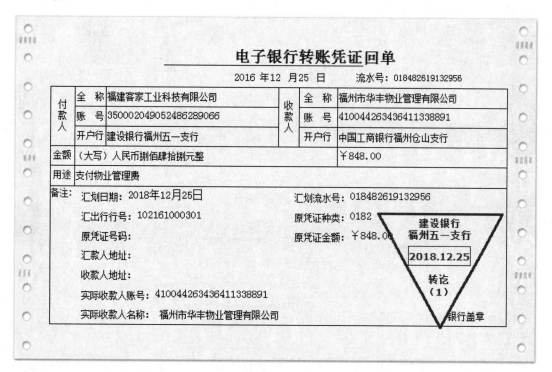

业务 69-1

业务 69-2

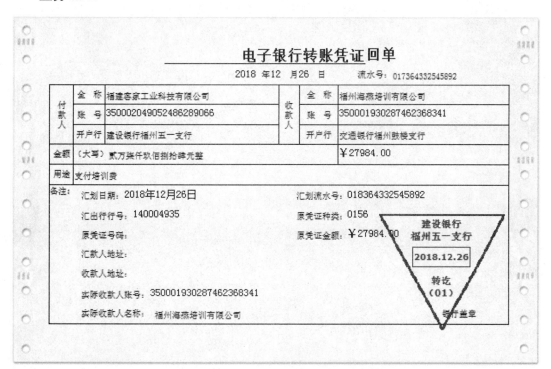

实训七　会计档案的整理与归档

业务 70-1

报 销 单

填报日期：2016 年 12 月 26 日　　　　　　　　　单据及附件共 1 张

姓名	谢面萍	所属部门	行政部门	报销形式	现金
				支票号码	

报销项目	摘　要	金　额	备注：
维修费	报销设备修理费　现金付讫	3955.00	
合　　计		￥3955.00	

金额大写：零 拾零 万叁 仟玖 佰伍 拾伍 元零 角零 分　　原借款： 0.00 元　　应退(补)款： 3955.00 元

总经理：陈文一　财务经理：孙敏　部门经理：陈文一　会计：陈小梅　出纳：林巧巧　报销人：谢面萍

业务 70-2

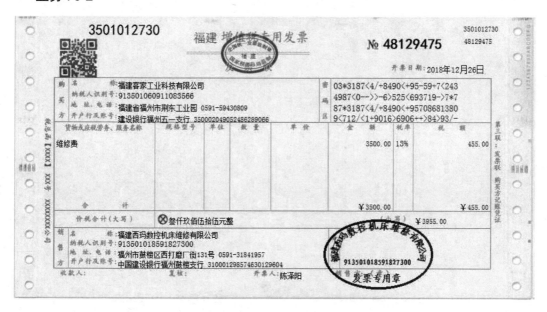

实训七 会计档案的整理与归档

业务 71-1

业务 71-2

实训七 会计档案的整理与归档

业务 71-3

业务 72-1

购销合同

供方：广州兴富机械有限公司（以下简称为甲方）

法定代表人：董岸贞

地址：广州市花都区风神大道21号　　电话：0206-1029385

需方：福建客家工业科技有限公司（以下简称为乙方）

法定代表人：陈文一

地址：福建省福州市荆东工业园　　电话：0591-59430809

为保护供需双方的合法权益，根据《中华人民共和国合同法》，经协商一致同意签订本合同。

一、品名　　单位　　规格　　单价　　数量　　金额

　　打头机　　台　　LM-25　　1404000　　1　　1404000.00

　　合计人民币（大写）：壹佰肆拾万零肆仟元整（￥1404000.00）

二、乙方提前定货，需向甲方支付50%定金。

　　支付金额：人民币柒拾万零贰仟元整（￥702000.00）

三、交货及验收

（一）交货实行送货制，即：甲方应按订单所规定的时间将商品运至乙方所指

业务 72-2

定的交货地点交予乙方。

（二）甲方交货时，货到现场时商品从卸货到进入乙方仓库中所发生的搬运工作一律由甲方负责，货到现场时乙方收货人员仅点收箱数量或件数，以后乙方开箱时如发现商品数量、质量等不符合本合同的约定，则由甲方负责。

（三）甲方交货时，应提供乙方订单复印件或传真件，甲方根据乙方订单复印件或传真件开具送货单，包括产品名称、规格、数量、单价、金额。乙方根据订单和送货单验收，点收完毕后，双方交接人员签字。

三、甲方不能按照本合同的规定履行交货义务且逾期2天以上，则按未交货物的价款（不含税价）的20%向乙方支付违约金。

……

十二、合同正本一式二份，双方各执一份。本合同经双方签字盖章后生效。有效期限自2018年12月28日起至2019年01月28日。

甲方：广州兴富机械有限公司　　　乙方：福建客家工业科技有限公司

法定代表人：董岸贞　　　　　　　法定代表人：陈文一

开户行：中国工商银行广州花都支行　开户行：建设银行福州五一支行

账号：4100621933017529610　　　　账号：35000204052486289066

日期：2018年12月28日　　　　　　日期：2018年12月28日

实训七 会计档案的整理与归档

业务 72-3

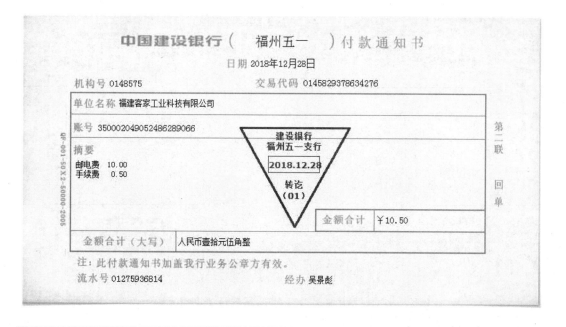

业务 72-4

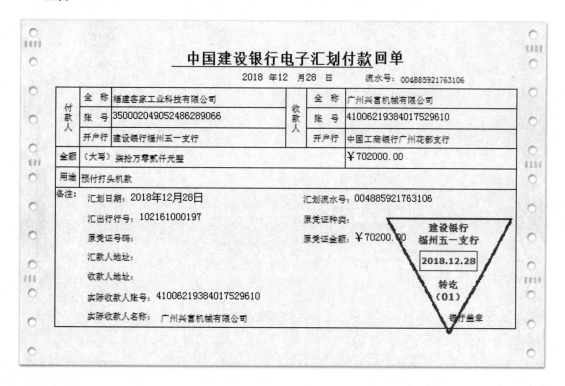

业务 73-1

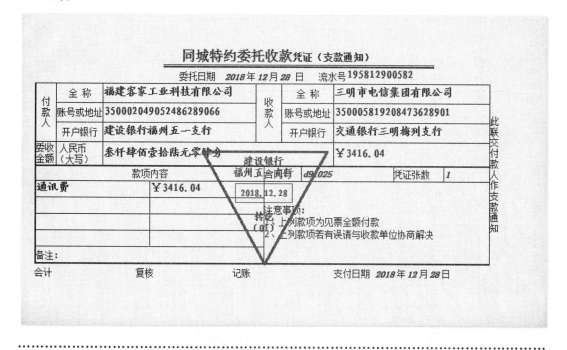

业务 73-2

业务 74-1

债务重组协议

债权人（以下简称甲方）：福建客家工业科技有限公司
债务人（以下简称乙方）：上海嘉智汽车有限公司

鉴于：

1. 甲方系依据中国法律在中国境内设立并合法存续的独立法人，具有履行本协议的权利能力和行为能力，有权独立作出处置自有资产决定，包括处置自有债权债务的决定；

2. 乙方系依据中国法律在中国境内设立并合法存续的独立法人，具有履行本协议的权利能力和行为能力，有权独立作出处置自有资产决定，包括处置自有债权债务的决定；

3. 协议双方有意就其因长期业务往来形成债权债务关系，进行相应的调整以实现债务重组的目的。

有鉴于此，甲乙双方经友好协商达成如下债务重组协议，以兹共同遵守：

一、截至本协议签署之时，乙方尚欠甲方货款人民币伍拾叁万玖仟捌佰肆拾元整。

二、由于乙方生产经营遇到了前所未有的困难，资金匮乏，短期内无法偿付所欠甲方货款。双方经协商，进行债务重组。

业务74-2

　　甲方同意乙方以其生产销售的数控冲床抵偿债务。该数控冲床的市场价格（不含税）为人民币肆拾陆万伍仟柒佰肆拾元整（￥401500.00），剩余债务给予减免。

……

十、协议生效及其他

（1）本协议自双方代表签字并加盖公章之日起生效。

（2）本协议如有未尽事宜，由协议各方协商后另行签署相关补充协议。

（3）本协议正本一式二份，协议各方均持一份，均有同等法律效力。

甲　方：福建客窑工业科技有限公司
法定代表人：陈英一
日　期：2018年12月28日

乙　方：上海嘉智汽车有限公司
法定代表人：张柏泉
日　期：2018年12月28日

业务 74-3

上海增值税专用发票 No 04713667
3101162140
开票日期：2018年12月28日

购买方	名称：福建客家工业科技有限公司 纳税人识别号：913501060911083566 地址、电话：福建省福州市荆东工业园 0591-59430809 开户行及账号：建设银行福州五一支行 35000204905248628906

货物或应税劳务、服务名称	规格型号	单位	数量	单价	金额	税率	税额
数控冲床		台	1	401500.00	401500.00	13%	52195.00
合 计					¥401500.00		¥52195.00

价税合计（大写） 肆拾伍万叁仟陆佰玖拾伍元整 ¥453695.00

销售方	名称：上海嘉智汽车有限公司 纳税人识别号：913101018937564556 地址、电话：上海市台江区中华路36号 021-1073082 开户行及账号：交通银行上海台江支行 310053471005469786777

收款人： 复核： 开票人：林西

业务 74-4

固定资产验收单

2018年12月28日 编号：G0496

名称	规格型号	来源	数量	购（造）价	使用年限	预计残值
数控冲床		债务重组	1台	401500.00	10年	16060.00
安装费	月折旧率	建造单位		交工日期	附件	
	0.8%			2018年12月28日		
验收部门	生产车间	验收人员	徐志峰	管理部门	生产部	管理人员	汤忠清
备注	本设备已经过调试，可投入使用。					

审核：孙敏 制单：陈小梅

业务 75-1

业务 75-2

业务 75-3

购销合同

供方：福建客家工业科技有限公司　　　　合同号：201812003
需方：湖南中瑞汽车有限公司　　　　　　签订日期：2018年12月06日

经双方协议，订立本合同如下：

产品型号	名 称	数 量	单 价	总 额	其他要求
	汽车缸套	8000.00	65.00	520000.00	不含税价
	汽车轴承支架	8000.00	15.00	120000.00	不含税价
	合计			￥640000.00	

货款总计（大写）：　陆拾肆万元整

质量验收标准：　合格

交货日期：　2018年12月28日

交货地点：　湖南市长沙市西湖路23号

结算方式：　以银行承兑汇票支付部分货款，剩余款到货10天之后支付

违约条款：违约方须赔偿对方一切经济损失。但遇天灾人祸或其它人力不能控制之因素而导致延误交货，需方不能要求供方赔偿任何损失。

解决合同纠纷的方式：经双方友好协商解决，如协商不成的，可向当地仲裁委员会提出申诉解决。

本合同一式贰份，双方各执一份，自签定之日起生效。

供方（盖章）：福建客家工业科技有限公司　　　需方（盖章）：湖南中瑞汽车有限公司
地　址：福建省福州市荆东工业园　　　　　　地　址：湖南省长沙市西湖路23号
法定代表人：陈文一　　　　　　　　　　　　法定代表人：陈正阳
联系电话：0591-59430809　　　　　　　　　　联系电话：0731-17612022

实训七 会计档案的整理与归档

业务 75-4

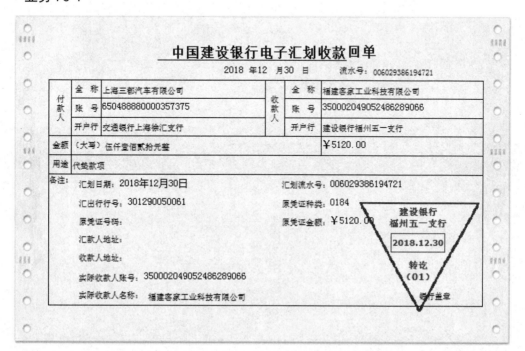

业务 76-1

业务 77-1

销售折让协议

甲方：福建客家工业科技有限公司

乙方：上海三都汽车有限公司

根据销售合同规定：

2018年12月份，甲方销售的汽车缸套和汽车轴承支架在外观上存有瑕疵，但基本上不影响使用。为了维护和巩固双方的长期友好合作关系，经乙方要求在不含税价格上给予5%的折让，具体如下：

名称：汽车缸套、汽车轴承支架

应做出折让的销售额（不含税）：240000.00元（2018年12月20日采购）请乙方按照协议要求，尽快开出折让证明，以便双方财务结算。

甲方：福建客家工业科技有限公司　　乙方：上海三都汽车有限公司

日期：2018年12月30日　　　　　　日期：2018年12月30日

业务 77-2

业务 78-1

业务 79-1

固定资产处置决定

因经营管理的需要，本公司2016年05月自建的4#办公楼已无法满足企业的发展需求，根据公司的财务管理制度，经董事会商议决定，将固定资产（4#办公楼）予以处置。

单位：福建客家工业科技有限公司

法定代表人：陈文一

日期：2018年12月30日

业务 79-2

固定资产折旧明细表

2018年12月30日

单位：元

类别及名称	使用日期	年限	净残值率	单价	数量	原值	月折旧率	月折旧额	截止2018年12月已计提累计折旧	期末净值
房屋建筑物（4#办公楼）	2016-05-05	20	4%	1000000.00	1	1000000.00	0.40%	4000.00	124000.00	876000.00

审核：孙敏　　　　　　　　　　　　　　　　制单：陈小梅

实训七 会计档案的整理与归档

业务 80-1

业务 80-2

业务 80-3

房产处置税费计算表

编制单位：福建客家工业科技有限公司　　　2018年12月30日　　　金额单位：元

项目	税目	计税金额	税率	应纳税额
出售房屋	土地增值税	143100.00	30%	42930.00

审核：孙敏　　　　　　　　　　　　　　　　　　　　　　制单：陈小梅

业务 81-1

固定资产清理损益计算表

2018年12月30日　　　金额单位：元

固定资产名称	3#办公楼	转入处置日期		2018年12月30日	
固定资产原值	已提折旧	已提减值准备	固定资产净值	固定资产转让收益	固定资产清理税费	固定资产转让损益
1000000.00	124000.00	0.00				

审核：孙敏　　　　　　　　　　　　　　　　　　　　　　制单：陈小梅

业务 82-1

固定资产处置决定

本公司管理部门2015年4月25日购入的1台电脑原值人民币伍仟元整（￥5000.00），已提折旧￥3520.00元。现该电脑已发生毁损，已不能产生经济利益，经董事会商议决定，将该固定资产转入清理。

决定单位：福建客家工业科技有限公司

决定代表人：陈×

日　　期：2018年12月30日

实训七 会计档案的整理与归档

业务 82-2

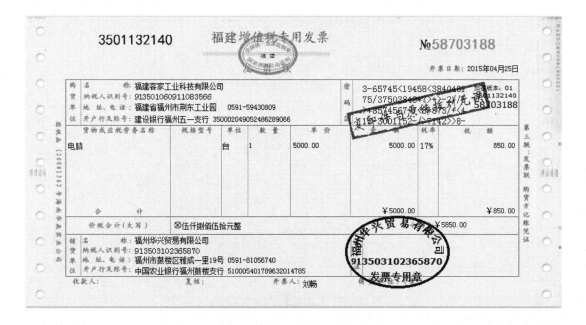

业务 82-3

固定资产折旧明细表

2018年12月30日

单位：元

类别及名称	使用日期	年限	净残值率	单价	数量	原值	年折旧率	期末净值	月折旧额	累计折旧
管理设备（电脑）	2015-04-25	5	4%	5000.00	1	5000.00	19.20%	1480.00	80.00	3520.00

审核：孙敏　　　　　　　　　　　　　　　　　　　　　　制单：陈小梅

实训七 会计档案的整理与归档

业务 83-1

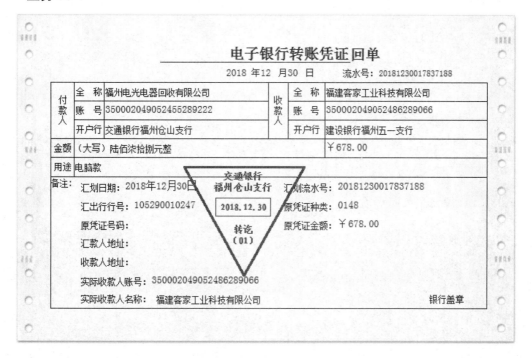

业务 83-2

业务 85-1

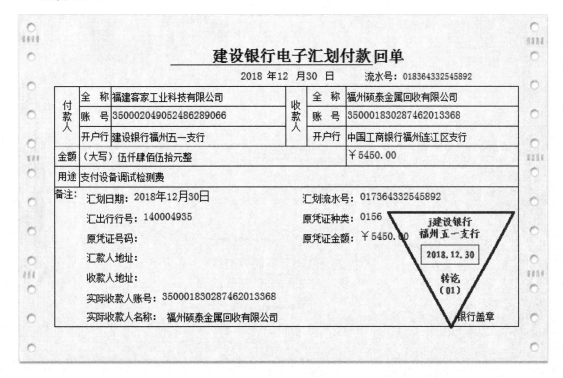

业务 85-2

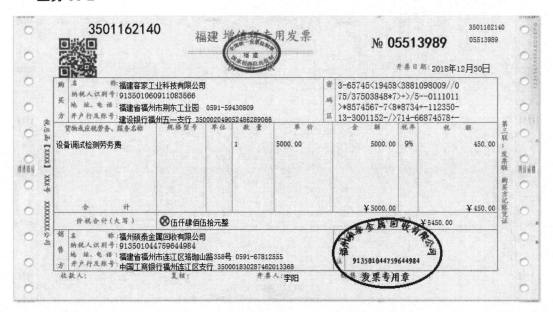

业务 86-1

购销合同

供方：上海金水实业有限公司（以下简称为甲方）

法定代表人：李乾坤

地址及电话：上海市青浦区广安街5号 0577-7784173

需方：福建客家工业科技有限公司（以下简称为乙方）

法定代表人：陈文一

地址及电话：福建省福州市荆东工业园 0591-59430809

为保护供需双方的合法权益，根据《中华人民共和国合同法》，经协商一致同意签订本合同。

一、

品名	单位	不含税单价	数量	金额
废钢	kg	2.60	250000.00	650000.00
磷铁	kg	3.00	5000.00	15000.00
铸造铁	kg	2.60	50000.00	130000.00
锡粒	kg	80.00	80.00	6400.00

合计人民币（大写）：捌拾万零壹仟肆佰元整（￥801400.00）

二、交货及验收

业务 86-2

（一）交货实行送货制，即：甲方应按订单所规定的时间将商品运至乙方所指定的交货地点交予乙方。

（二）甲方交货时，货到现场时商品从卸货到进入乙方仓库中所发生的搬运工作一律由甲方负责，货到现场时乙方收货人员仅点收箱数量或件数，以后乙方开箱时如发现商品数量、质量等不符合本合同的约定，则由甲方负责。

三、结算方式

乙方收货后验收无误入库后，收到甲方开具的增值税专用发票后付款。

……

八、1.合同正本一式二份，双方各执一份。2.本合同经双方签字盖章后生效。有效期限自2018年12月30日起至2019年1月10日止。

甲　方：上海金水实业有限公司　　　乙　方：福建客家工业科技有限公司

法定代表人：李乾坤　　　　　　　　法定代表人：陈文一

开户行：中国工商银行上海市青浦区支行　　开户行：建设银行福州五一支行

账　号：310044645395 9524317　　账　号：35000204905 2486289066

日　期：2018年12月30日　　　　　日　期：2018年12月30日

实训七 会计档案的整理与归档

业务 86-3

业务 87-1

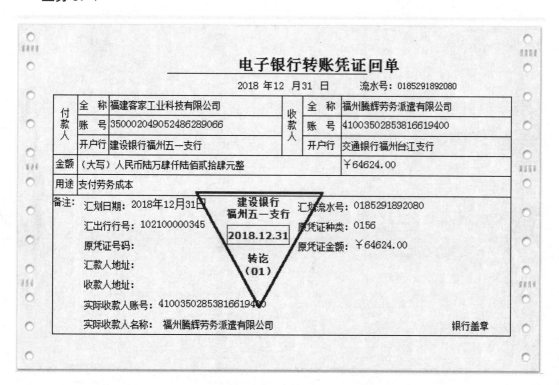

业务 87-2

业务 88-1

业务 88-2

电气、自动化安装工程施工合同

甲方：福建自动化工程设备有限公司
法定代表人：钱建云

乙方：福建客家工业科技有限公司
法定代表人：陈文一
根据《中华人民共和国合同法》、《建筑安装工程承包合同条例》，经双方友好协商达成如下条款：

一、安装的项目名称和地点：
项目名称：福建自动化工程设备有限公司电气自动化安装工程
地点：福州市台江区中春路668号

二、安装工程内容：
1. 电气、自动化、防雷接地安装施工工程；
2. 电缆敷设工程：包括电力、控制、仪表电缆等；
3. 变配电设备工作：包括电力变压器容量；
4. 电机电控设备工程：包括各种电机盘、箱、柜安装；
5. 工厂照明线路工作：包括全厂区车间内、外所有照明线路的灯具。

三、完成安装的期限：
从2018年09月01日起至2020年01月31日止。

四、安装的质量要求：
乙方免费辅助负荷运转后保驾护航6个月，前三个月保留主要施工人员和机具（现场建制基本不变），后三个月各工种保留一定工作力量。

五、安装的安全责任：
乙方确保规范、安全地完成上述安装内容，安装过程中如发生人身、财产的损害事故的，乙方自行承担全部责任或者损失，与甲方无关。

业务 88-3

六、安装报酬的结算支付时间：
1. 合同总价款（含税）：￥560000.00元；
2. 本合同签署生效后 10 天内，甲方一次性支付合同款给乙方。

七、违约责任：
乙方每逾期一天，支付违约金10000.00元；甲方逾期付款的，按照每日万分之二赔偿利息损失。

……

十五、如因本协议书发生纠纷的，双方协商解决，不成时交由上海市人民法院裁判。

十六、本协议书经双方签章后生效，协议书一式二份，双方各一份。

甲方：福建自动化工程设备有限公司　　乙方：福建客家工业科技有限公司

法定代表人：钱建云　　　　　　　　　　法定代表人：陈文

日期：2018年09月01日　　　　　　　　　日期：2018年09月01日

业务 90-1

业务 90-2

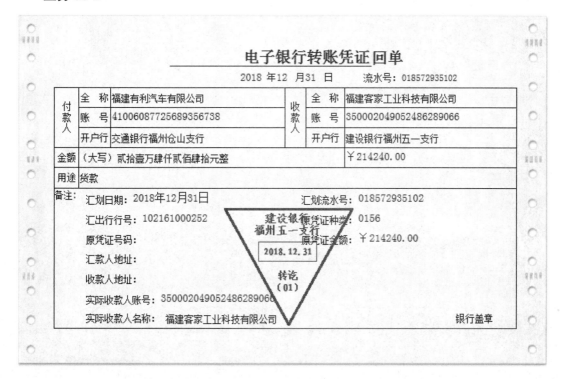

业务 90-3

业务 90-4

代销清单

编制单位：福建有利汽车有限公司　　　　2018年12月31日　　　　　　　　　金额单位：元

编码	产品名称	单位	数量	单价	金额	备注
3	汽车缸套	个	3200.00	65.00	208000.00	不含税价
合计					¥208000.00	

制表：洪元珊

业务 91-1

代销成本计算表

编制单位：福建客家工业科技有限公司　　　2018年12月31日　　　　　　　　金额单位：元

编码	产品名称	单位	数量	成本单价	金额	备注
3	汽车缸套	个	3200.00	43.70	139840.00	不含税价
合计					¥139840.00	

审核：孙敏　　　　　制表：陈小梅

业务 92-1

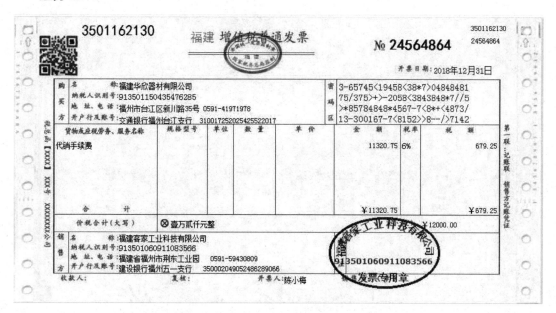

实训七　会计档案的整理与归档

业务 92-2

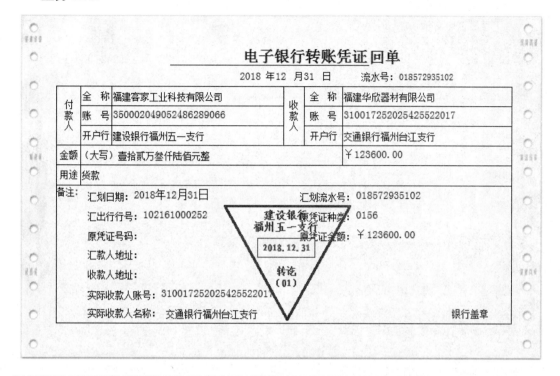

业务 92-3

业务 92-4

代销清单

编制单位：福建客家工业科技有限公司　　2018年12月31日　　　　　　　　金额单位：元

编码	产品名称	单位	数量	单价	金额	备注
3	火花塞	个	2000.00	60.00	120000.00	不含税价
合计：					¥120000.00	

制表：陈小梅

业务 93-1

受托代销成本计算表

编制单位：福建客家工业科技有限公司　　2018年12月31日　　　　　　　　金额单位：元

编码	产品名称	单位	数量	成本单价	金额	备注
3	火花塞	个	2000.00	60.00	120000.00	不含税价
合计：					¥120000.00	

审核：孙敏　　　　　　　　　　　　　　　　　　　　　　制表：陈小梅

业务 94-1

材料成本计算表

编制单位：福建客家工业科技有限公司　　2018年12月31日　　　　　　　　单位：元

名称	数量（米）	单价	金额
锡粒	100	80.00	8000.00
合计	100		8000.00

审核：孙敏　　　　　　　　　　　　　　　　　　　　　　制表：陈小梅

业务 94-2

出 库 单

出货单位：**福建客家工业科技有限公司**　　2018 年 12月 15日　　　　单号：*cdk010*

提货单位或领货部门	福建大地商超有限公司	销售单号	X1202	发出仓库	材料仓	出库日期	2018.12.15
编号	名称及规格	单位	数量 应发	数量 实发	单价	金额	
02	锡粒	kg	100	100			
	合 计						

部门经理：**谢皖**　　　会计：**陈小梅**　　　仓库：**张新州**　　　经办人：**刘晓亮**

业务 95-1

利息计算表

编制单位：福建客家工业科技有限公司　　　2018年12月31日　　　　单位：元

月份	借款金额	年利率	本月利息	用途
12	2000000.00	5.4%	9000.00	在建工程2号厂房
12	1000000.00	5.4%	4500.00	在建工程2号厂房
12	500000.00	4.2%	1750.00	生产经营

审核：孙敏　　　　　　　　　　　　　　　　　　　　　　制单：陈小梅

业务 96-1

购房合同

销售方（甲方）：福州链家地产有限公司　　　　合同号：GZ0005
购买方（乙方）：福建客家工业科技有限公司
签订日期：2016年1月1日

第一条　本合同依据《中华人工共和国民法通则》、《中华人民共和国合同法》及其他相关法律、法规的规定，由买卖双方在平等、自愿、协商一致的基础上共同订立。

第二条　商品房销售依据　乙方购买的商品房为现房，已办理权属登记，登记机关为福州市国土资源和房屋管理局。

第三条　合同标的物基本情况　乙方所购商品房位于福建省福州市仓山区西门路38号，该商品建筑面积140平方米。

第四条　计价方式和付款方式　该商品房按权属登记的建筑面积计价，如取得产权时一次性付款，应付房款总额为￥4311720.00元，现双方协定采用分期付款方式，签订合同时一次性支付￥900000.00元，其余款项在2016年至2020年的5年内每年末支付￥900000.00元。折现率10%。

……

第十二条　本合同一式三份，甲方一份，乙方一份，房地产登记机构一份。

甲方：福州链家地产有限公司　　　　乙方：福建客家工业科技有限公司

法定代表人：朱丽萍　　　　　　　　法定代表人：陈文

业务 96-2

电子银行转账凭证回单

2018 年 12 月 31 日　　流水号：028025018031085

付款人	全 称	福建客家工业科技有限公司	收款人	全 称	福州链家地产有限公司
	账 号	35000204905248628906		账 号	110053472636684500066
	开户行	建设银行福州五一支行		开户行	交通银行福州五一支行
金额	（大写）人民币玖拾万元整			￥900000.00	
用途	支付房屋款				

备注： 汇划日期：2018年12月31日　　汇划流水号：028025018031085
汇出行号：301100000099　　原凭证种类：0180
原凭证号码：　　　　　　　原凭证金额：￥900000.00
汇款人地址：
收款人地址：
实际收款人账号：110053472636684500066
实际收款人名称：福州链家地产有限公司

（建设银行福州五一支行 2018.12.31 转讫（01） 银行盖章）

业务 97-1

未确认融资费用摊销表

2018年12月31日　　　　　　　　　　　　　　　　　金额单位：元

日期	分期付款额	融资费用摊销额	应付本金减少额	应付本金余额
2016.01.01	—	—	—	3411720.00
2016.12.31				
2017.12.31				
2018.12.31				
……				
……				

审核：孙敏　　　　　　　　　　　　　　　　　　　制单：陈小梅

业务 98-1

购销合同

供方：福建客家工业科技有限公司　　　　　合同号：xs0005

需方：福州龙跃贸易有限公司　　　　　　　签订日期：2018年1月1日

经双方协议，订立本合同如下：

产品型号	名称	数量	单价	总额	其他要求
	汽车缸套	30000.00	65.00	1950000.00	不含税价
	汽车轴承支架	30000.00	15.00	450000.00	不含税价
	合计			￥2400000.00	

货款总计（大写）：贰佰肆拾万元整

质量验收标准：合格

交货日期：2018年1月1日

交货地点：福建省福州市鼓楼区

结算方式：分期收款方式，分五年于每年年末等额收取人民币肆拾捌万元整（￥480000.00）

违约条款：违约方须赔偿对方一切经济损失。但遇天灾人祸或其它人力不能控制之因素而导致延误交货，需方不能要求供方赔偿任何损失。

解决合同纠纷的方式：经双方友好协商解决，如协商不成的，可向当地仲裁委员会提出申诉解决。
本合同一式两份，供需双方各执一份，自签定之日起生效。

供方（盖章）：福建客家工业科技有限公司　　　需方（盖章）：福州龙跃贸易有限公司

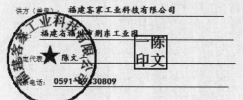

地址：福建省福州市荆东工业区　　　　　　　地址：福建省福州市鼓楼区

法定代表人：陈文　　　　　　　　　　　　　法定代表人：温浩轩

联系电话：0591-89630809　　　　　　　　　联系电话：0591-44658431

业务98-2

中国建设银行 进账单 （收账通知） 3

2018年 12月 31日

出票人	全称	福州龙跃贸易有限公司	收款人	全称	福建客家工业科技有限公司
	账号	11000202655391B141881		账号	35000204905248628 9066
	开户银行	交通银行福州仓山支行		开户银行	建设银行福州五一支行
金额	人民币（大写）	肆拾捌万元整			亿 千 百 十 万 千 百 十 元 角 分 ¥ 4 8 0 0 0 0 0 0
票据种类	转账支票	票据张数	1		
票据号码	05218114				

复核　　　记账

交通银行
北福州仓山支行
2018.12.31
转讫
（01）

收款人开户银行签章

此联是收款人开户银行交给收款人的收账通知

业务99-1

未实现融资收益摊销表

2018年12月31日　　　　　　　　　　　　　　　　　　　　　金额单位：元

日期	分期收款额	融资收益摊销额	已收本金	应收本金余额
2018.01.01	—	—	—	1916496.00
2018.12.31				
……				
……				
……				
……				

审核：孙敏　　　　　　　　　　　　　　　　　制单：陈小梅

业务 100-1

业务 100-2

业务 101-1

无形资产摊销表

2018年12月31日　　　　　　　　　　　　　　　　　　　金额单位：元

无形资产	使用日期	原值	摊销年限	月摊销额
土地使用权	2014-05-10	4800000.00	30	13333.33
商标权	2014-07-23	20000.00	10	166.67
合计		4820000.00		13500.00

审核：孙敏　　　　　　　　　　　　　　　　　　　　　制单：陈小梅

业务 102-1

公允价值变动计算表

2018年12月31日　　　　　　　　　　　　　　　　　　　金额单位：元

交易性金融资产	账面价值	公允价值	公允价值变动
汉王科技	1500000.00	1650000.00	150000.00
合　计	1500000.00	1650000.00	150000.00

审核：孙敏　　　　　　　　　　　　　　　　　　　　　制表：陈小梅

业务 103-1

报 销 单

填报日期：*2018* 年 *12* 月 *31* 日　　　　　　单据及附件共 *1* 张

姓名	*李玲*	所属部门	*行政部*	报销形式	现金
				支票号码	

报销项目	摘　要	金　额	备注：
办公用品	报销办公费	1073.50	
	现金付讫		
合　计		¥1073.50	

金额大写：零 拾零 万壹 仟壹 佰零 拾贰 元零 角零 分　　原借款：¥0.00　　应退款：¥0.00 元　　应补款：¥1073.50 元

总经理：*陈文一*　　财务经理：*孙敏*　　部门经理：*陈文一*　　会计：*陈小梅*　　出纳：*林巧巧*　　领款人：*李玲*

业务 103-2

业务 104-1

业务 104-2

销售单

购货单位: 嘉兴漫卷贸易有限公司	地址和电话: 浙江省嘉兴市朝阳区西湖路45号, 0573-17614312				单据编号: H1204	
纳税识别号: 91330105504129098	开户行及账号: 交通银行浙江嘉兴支行, 330053471005621905689				制单日期: 2018-12-31	
编码	产品名称	规格	单位	单价	数量	金额	备注
1	汽车缸套		套	65.00	5000.00	325000.00	不含税价
2	汽车轴承支架		支	15.00	5000.00	75000.00	不含税价
合计	人民币(大写):					¥400000.00	

总经理: 陈文一　　销售经理: 谢晓　　经手人: 刘晓亮　　会计: 陈小梅　　签收人: 李志明

业务 104-3

购销合同

供方: 福建客家工业科技有限公司　　　　合同号: 201812031
需方: 嘉兴漫卷贸易有限公司　　　　　　签订日期: 2018年12月31日

经双方协议,订立本合同如下:

产品型号	名称	数量	单价	总额	其他要求
	汽车缸套	5000.00	65.00	325000.00	不含税价
	汽车轴承支架	5000.00	15.00	75000.00	不含税价
	合计			¥400000.00	

货款总计(大写): 肆拾万元整

质量验收标准: 合格
交货日期: 2018年12月31日前
交货地点: 浙江省嘉兴市朝阳区西湖路45号
结算方式: 到货后10天内付款

违约条款: 违约方须赔偿对方一切经济损失。但遇天灾人祸或其它人力不能控制之因素而导致延误交货, 需方不能要求供方赔偿任何损失。
解决合同纠纷的方式: 由双方友好协商解决, 如协商不成的, 可向当地仲裁委员会提出申诉解决。
本合同一式二份, 供需双方各执一份, 自签定之日起生效。

供方(盖章): 福建客家工业科技有限公司　　　需方(盖章): 嘉兴漫卷贸易有限公司
地址: 福建省福州市芗洲工业园　　　　　　地址: 浙江省嘉兴市朝阳区西湖路45号
法定代表人: 陈文一　　　　　　　　　　　法定代表人: 陈洪应
联系电话: 0591-59430809　　　　　　　　联系电话: 0573-17614312

实训七 会计档案的整理与归档

业务 105-1

业务 105-2

业务 105-3

业务 106-1

2018年12月支付顾问费清单

2018年12月31日

序号	姓名	账号	开户行	金额
1	杨虹	6222582312166291085	交通银行福州鼓楼支行	2350.00
2	王俊凯	6212261000001250156	中国银行福州仓山支行	2500.00
3	李少杨	6228837455130368023	中国农业银行福州鼓楼支行	1950.00
4	刘杰	6227594352841281565	中国建设银行福州仓山支行	2750.00
5	陈朝辉	6227608852121076195	中国工商银行福州鼓楼支行	2680.00
6	陈滨	6228837453253166025	交通银行福州仓山支行	2770.00
合计				15000.00

审核：孙敏　　　　　　　　　　　制单：陈小梅

业务 106-2

法律顾问合同

甲方（聘请方）：福建客家工业科技有限公司

法定代表人：陈文一

乙方（受聘方）：杨虹、王俊凯、李少杨、刘杰、陈朝辉、陈滨

甲方因业务发展和维护自身利益的需要，根据《中华人民共和国合同法》、《中华人民共和国律师法》的有关规定，聘请乙方担任常年法律顾问。为明确双方权利、义务，甲乙双方按照诚实信用原则，经协商一致，立此合同，以利双方共同遵守。

第一条　乙方的服务范围
　　乙方的服务内容为协助甲方处理日常法律事务，包括但不限于：
1. 协助公司起草、制订、完善以下相关规章制度：（1）公司员工手册（2）公司考勤制度（3）公司休息休假制度（4）公司员工奖惩制度等；

2. 协助起草、制定、审查或者修改涉法合同（包括劳动合同和各类业务合同）、章程等法律文书；

3. 乙方应当利用自身专业技能，努力使甲方利益最大化；

4. 乙方应当在取得甲方提供的文件资料后，及时完成委托事项，并应甲方要求通报工作进程；

5. 乙方在担任常年法律顾问期间，不得为甲方员工个人提供任何不利于甲方的咨询意见；

6. 乙方在涉及甲方的对抗性案件或者交易活动中，未经甲方同意，不得担任与甲方具有法律上利益冲突的另一方的法律顾问或者代理人；

业务 106-3

7. 乙方对其获知的甲方商业秘密负有保密责任，非由法律规定或者甲方同意，不得向任何第三方披露；

··············

第九条　顾问费用及付款方式

1. 顾问费用：甲方每月向乙方（杨虹）支付顾问费2350.00元，向乙方（王俊凯）支付顾问费2500.00元，向乙方（李少杨）支付顾问费1950.00元，向乙方（刘杰）支付顾问费2750.00元，向乙方（陈朝辉）支付顾问费2680.00元，向乙方（陈滨）支付顾问费2770.00元。顾问费按月支付，乙方自行承担相关税费，并到税务局代开发票交予甲方，甲方收到乙方的发票后付清所有款项。
2. 付款方式：转账。（杨虹：开户行：交通银行福州鼓楼支行，账号：6222582312166291085；王俊凯：开户行：中国银行福州仓山支行，账号：6212261000001250156；李少杨：开户行：中国农业银行福州鼓楼支行，账号：6228837455130368023；刘杰：开户行：中国建设银行福州仓山支行，账号：6227594352841281565；陈朝辉：开户行：中国工商银行福州鼓楼支行，账号：6227608852121076195；陈滨：开户行：交通银行福州仓山支行，账号：6228837453253166025）

第十条　合同期限

本合同有效期三年，自2018年01月01日起至2020年12月31日止。

甲方：福建客家工业科技有限公司　　　　　　　乙方：

法人代表：陈文君
2018年01月01日　　　　　　　　　　　　　　　2018年01月01日

业务 106-4

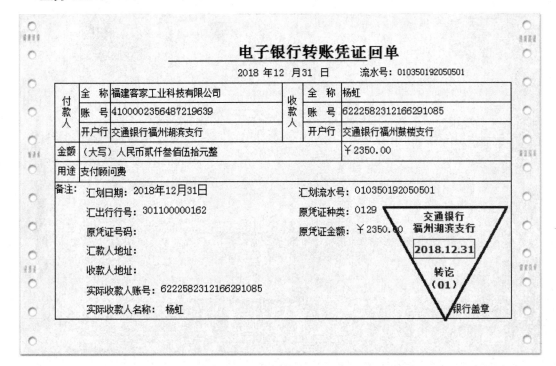

业务 106-5

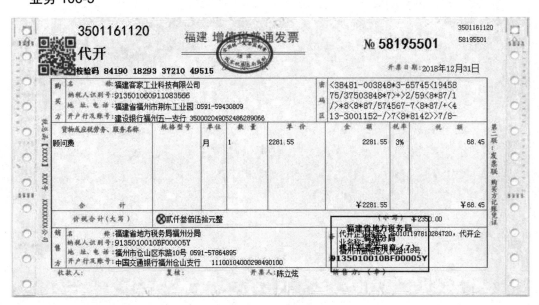

实训七 会计档案的整理与归档

业务 106-6

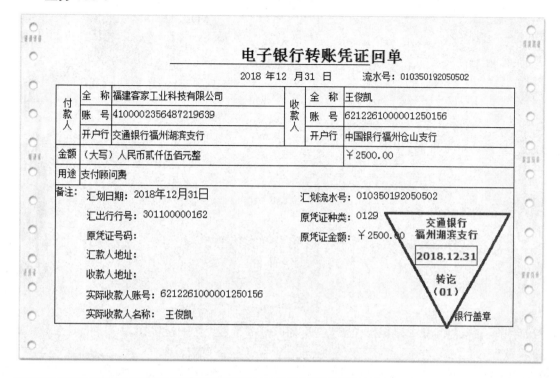

业务 106-7

业务 106-8

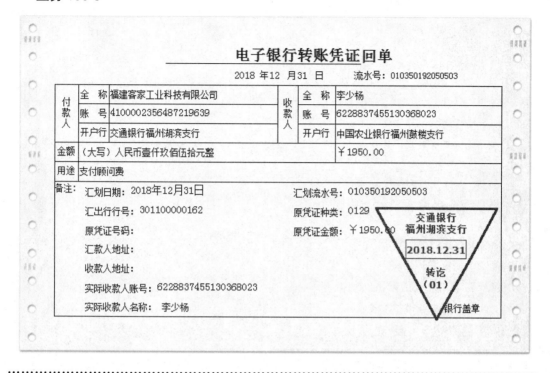

业务 106-9

业务 106-10

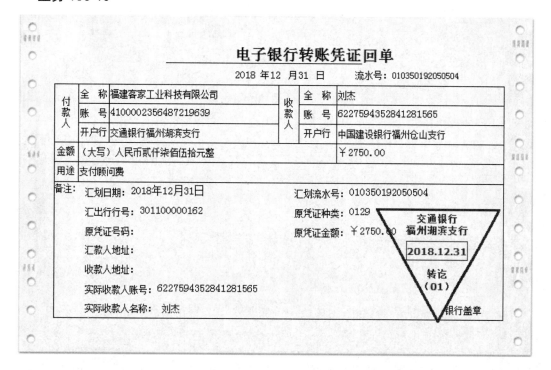

业务 106-11

实训七 会计档案的整理与归档

业务 106-12

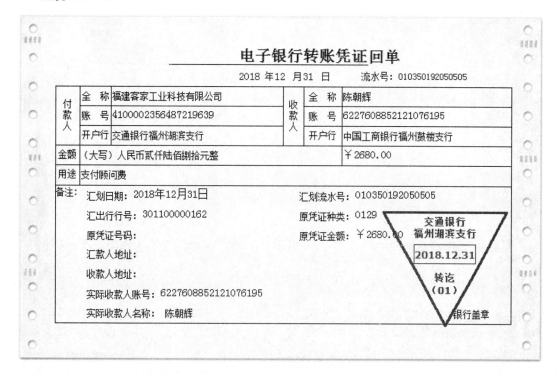

业务 106-13

业务 106-14

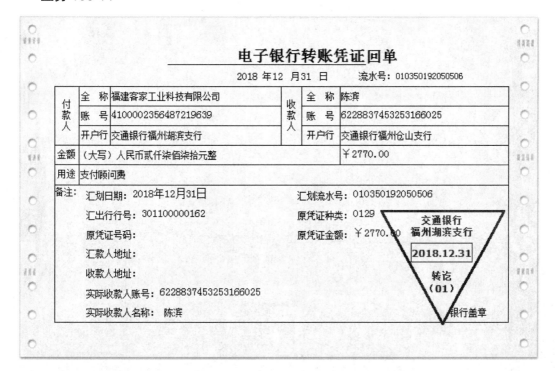

业务 106-15

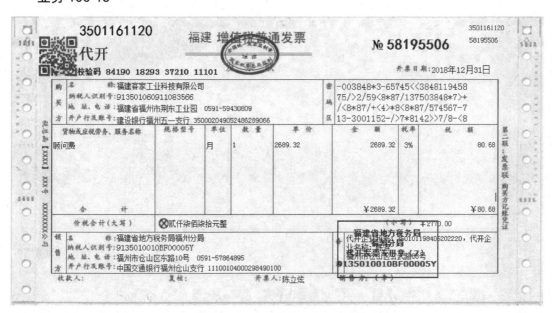

业务 107-1

发出周转材料分配表

编制单位：福建客家工业科技有限公司　　　　　　　　　　2018年12月31日

材料		铸造车间		机加工车间	
材料名称	单位成本	数量	金额	数量	金额
刀具	20.00				
砂轮	10.00				
油类	30.00				
短皮手套	10.00				
防尘口罩	5.00				
梅花扳手1719	20.00				
美工刀	10.00				
合计					

审核：孙敏

业务 107-2

领 料 单

领料部门：铸造车间
用　途：生产耗用　　　　　　2018 年 12 月 20 日　　　　　　第 0198 号

材料			单位	数量		成本 纸质背景图 总价 百十万千百十元角分
编号	名称	规格		请领	实发	
02	刀具		个	600.00	600.00	
03	砂轮		个	600.00	600.00	
04	油类		桶	600.00	600.00	
05	短皮手套		双	200.00	200.00	
合计						

部门经理：潘山林　　　会计：郑灿　　　仓库：张新州　　　经办人：林卫东

业务 107-3

领 料 单

领料部门：铸造车间
用　途：生产耗用　　　2018年 12月 20日　　　第 0199 号

材料			单位	数量		成本	
编号	名称	规格		请领	实发	单价	总价 百十万千百十元角分
06	防尘口罩		个	200.00	200.00		
07	梅花扳手1719		把	70.00	70.00		
08	美工刀		把	70.00	70.00		
合计							

部门经理：潘山林　　　会计：郑灿　　　仓库：张新州　　　经办人：林卫东

业务 107-4

领 料 单

领料部门：机加工车间
用　途：生产耗用　　　2018年 12月 20日　　　第 0200 号

材料			单位	数量		成本	
编号	名称	规格		请领	实发	单价	总价 百十万千百十元角分
02	刀具		把	300.00	300.00		
03	砂轮		个	300.00	300.00		
04	油类		桶	300.00	300.00		
05	短皮手套		双	100.00	100.00		
合计							

部门经理：潘山林　　　会计：郑灿　　　仓库：张新州　　　经办人：林卫东

业务 107-5

领 料 单

领料部门：机加工车间
用　途：生产耗用　　　　　　　2018 年 12 月 20 日　　　　　　　第　0201　号

材料			单位	数量		成本	
编号	名　称	规　格		请 领	实 发	单价	总价 百十万千百十元角分
06	防尘口罩		个	100.00	100.00		
07	梅花扳手1719		把	30.00	30.00		
08	美工刀		把	30.00	30.00		
合计							

部门经理：潘山林　　　会计：郑灿　　　仓库：张新州　　　经办人：林卫东

业务 108-1

职工薪酬分配表

2018年12月31日　　　　　　　　　　　　　　　　金额单位：元

受益对象		分配标准（工时）	分配率	分配金额
铸造车间	汽车缸套毛坯	4100.00		
	汽车轴承支架毛坯	900.00		
	小计	5000.00		
机加工车间	汽车缸套	2200.00		
	汽车轴承支架	300.00		
	小计	2500.00		
车间管理人员	铸造车间			
	机加工车间			
	小计			
公司管理人员				
公司销售人员				
合计				

审核：孙敬　　　　　　　　　　　　　　　　　　　制单：郑灿

业务 108-2

职工薪酬汇总表

2018年12月31日　　　　　　　　　　　　　　　　　　　　　　　　　　金额单位：元

部门		应付工资	五险一金基数	短期薪酬					离职后福利		合计
				医疗保险 10.00%	工伤保险 0.20%	生育保险 0.80%	住房公积金 12.00%	工会经费 2.00%	养老保险 19.00%	失业保险 0.80%	
铸造车间	生产工人	189190.2	169850.00	16985.00	339.70	1358.80	20382.00	3397.00	32271.50	1358.80	265283.00
	管理人员	15634.6	14600.00	1460.00	29.20	116.80	1752.00	292.00	2774.00	116.80	22175.40
机加工车间	生产工人	67485.56	60780.00	6078.00	121.56	486.24	7293.60	1215.60	11548.20	486.24	94715.00
	管理人员	13634.6	12600.00	1260.00	25.20	100.80	1512.00	252.00	2394.00	100.80	19279.40
管理部门		78358.00	70300.00	7030.00	140.60	562.40	8436.00	1406.00	13357.00	562.40	109852.40
销售部门		37646.00	25100.00	2510.00	50.20	200.80	3012.00	502.00	4769.00	200.80	48890.80
合计		401948.96	353230.00	35323.00	706.46	2825.84	42387.6	7064.60	67113.70	2825.84	560196.00

审核：孙敏　　　　　　　　　　　　　　　　　　　　制单：郑灿

业务 109-1

职工福利费分配表

2018年12月31日　　　　　　　　　　　　　　　　　　　　　　　　　　金额单位：元

受益对象		分配标准（人数）	分配率	分配金额
铸造车间	汽车缸套毛坯	18		
	汽车轴承支架毛坯	4		
	小计	22		
机加工车间	汽车缸套	10		
	汽车轴承支架	2		
	小计	12		
车间管理人员	铸造车间			
	机加工车间			
	小计			
公司管理人员				
公司销售人员				
合计				

审核：孙敏　　　　　　　　　　　　　　　　　　　　制单：郑灿

业务 109-2

职工福利费汇总表

2018年12月31日　　　　　　金额单位：元

部　门		本月发生福利费支出
铸造车间	生产工人	4400.00
	管理人员	800.00
机加工车间	生产工人	2400.00
	管理人员	600.00
管理部门		4000.00
销售部门		1200.00
合计		13400.00

审核：孙敏　　　　　　　　　制单：郑灿

业务 110-1

职工教育经费汇总表

2018年12月31日　　　　　　金额单位：元

部　门		本月发生教育经费支出
铸造车间	管理人员	4800
机加工车间	管理人员	4800
合计		9600
管理部门		10400.00
销售部门		6400.00
金额合计		26400.00

审核：孙敏　　　　　　　　　制单：郑灿

业务 111-1

个人所得税计算表

2018年12月31日 金额单位：元

姓名	应付工资	三险一金	应税职工福利费	应纳税所得额	应交个人所得税
韩新伟	22131.69	3790.10	300.00		
陈文一	10838.9	2734.60	300.00		
曾淡雅	18659.49	3446.00	300.00		
汤忠清	17565.85	3246.00	300.00		
魏小晴	7787.23	1557.00	300.00		
曾灿	26301.71	4350.30	300.00		
张旭	6402.85	1035.30	300.00		
金额合计	109687.72	20159.30	2100.00		

备注：公司其他职工本月无应交个人所得税

审核：孙敏 制单：陈小梅

业务 112-1

固定资产折旧计算表

2018年12月31日 金额单位：元

使用单位和固定资产类别		原值	固定资产月折旧率%	本月应提折旧额
铸造车间	厂房	1580000.00	0.40%	
	生产设备	2300000.00	0.80%	
	小计	3880000.00		
机加工车间	厂房	480000.00	0.40%	
	生产设备	450000.00	0.8%	
	小计	930000.00		
管理部门	房屋	1380000.00	0.40%	
	运输设备	256600.00	2.00%	
	管理设备	68000.00	1.60%	
	小计	1704600.00		
销售部门	管理设备	35000.00	1.60%	
	小计	35000.00		
合计		6549600.00		

审核：孙敏 制表：郑灿

业务 113-1

外购水费分配表

2018年12月31日 　　　　　　　　　　　　　　　　　　　　　　金额单位：元

受益对象	耗用量(吨)	分配率	分配金额
铸造车间	5950		
机加工车间	2550		
管理部门	950		
销售部门	200	4.20	

审核：孙敏　　　　　　　　　　　　　　　　　　　　　　　　　制单：郑灿

业务 113-2

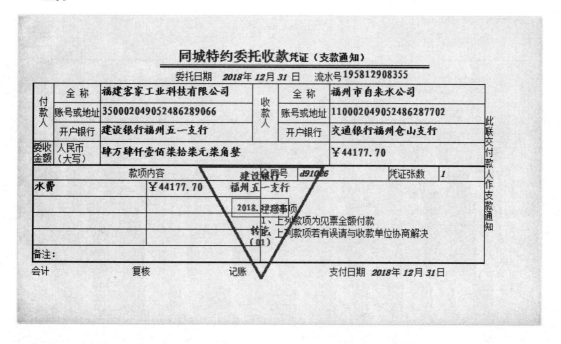

业务 113-3

业务 114-1

外购电费分配表

2018年12月31日　　　　　　　　　　　　　　　　　　　金额单位：元

受益对象	耗用量(度)	分配率	分配金额
铸造车间	167955		
机加工车间	70660		
管理部门	1850		
销售部门	300	0.80	

审核：孙敏　　　　　　　　　　　　　　　　制单：郑灿

业务 114-2

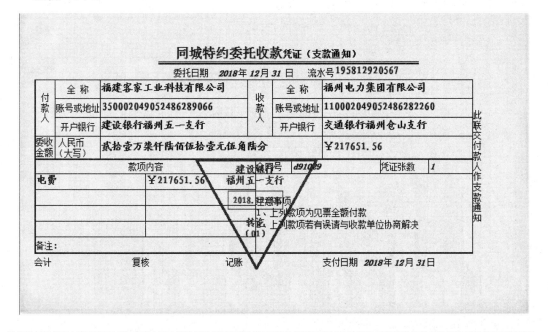

业务 114-3

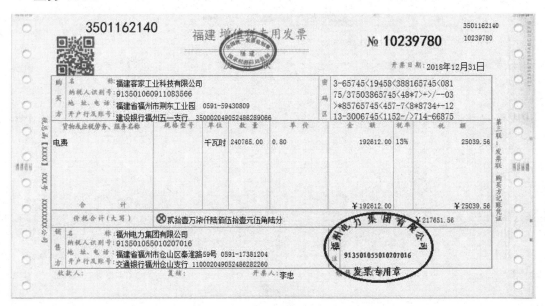

业务 115-1

发出材料单位成本

编制单位：福建客家工业科技有限公司　　　2018年12月31日　　　金额单位：元

类型	名称	单位	期初余额			本月购入			发出材料单位成本
			数量	单价	金额	数量	单价	金额	
原材料	废钢	KG	300000	2.60	780000.00				
原材料	紫铜	KG	25000	43.82	1095500.00				
原材料	磷铁	KG	8000	2.75	22020.00				
原材料	铸造铁	KG	90000	2.60	234000.00				
原材料	锡粒	KG	160	80.00	12800.00				
原材料	增碳剂	KG	33000	2.82	92900.00				
原材料	孕育剂	KG	18000	7.73	139125.00				
原材料	膨润土	KG	35000	0.83	29220.00				

审核：孙敏　　　　　　　　　　　　　　　　　　　　　　制表：郑灿

业务 115-2

铸造车间发出材料汇总表

编制单位：福建客家工业科技有限公司　　　2018年12月31日　　　金额单位：元

| 原材料 | | | 生产耗用 | | | | 共同耗用 | |
| | | | 汽车缸套毛坯 | | 汽车轴承支架毛坯 | | | |
品名	单位	单位成本	数量	金额	数量	金额	数量	金额
废钢	KG							
紫铜	KG							
磷铁	KG							
铸造帖	KG							
锡粒	KG							
增碳剂	KG							
孕育剂	KG							
膨润土	KG							
合计								

审核：孙敏　　　　　　　　　　　　　　　　　　　　　　制单：郑灿

业务 115-3

铸造车间材料费用分配表

编制单位：福建客家工业科技有限公司　　2018年12月31日　　金额单位：元

产品名称	产量	紫铜			增碳剂			孕育剂			膨润土			直接计入	材料费用合计
		单位定额	分配率	分配金额	单位定额	分配率	分配金额	单位定额	分配率	分配金额	单位定额	分配率	分配金额		
汽车缸套	25000	0.08			0.47			0.28			0.5				
汽车轴承支架	23500	0.009			0.098			0.032			0.234				
合计															

审核：孙敏　　　　　　　　　　　　制单：郑灿

业务 115-4

领 料 单

领料部门：**铸造车间**
用　　途：**生产汽车缸套毛坯**　　2018 年 12 月 05 日　　第 0149129 号

材料			单位	数量		成本		
编号	名称	规格		请领	实发	单价	总价 百十万千百十元角分	
00101	废钢		KG	160250	160250			
00104	磷铁		KG	2250	2250			
合计								

部门经理：潘山林　　　会计：郑灿　　　仓库：张新州　　　经办人：林卫东

业务 115-5

领 料 单

领料部门：铸造车间
用　途：生产汽车轴承支架毛坯　　2018 年 12 月 05 日　　第 0149130 号

材料			单位	数量		成本	
编号	名称	规格		请领	实发	单价	总价（百十万千百十元角分）
00102	铸造铁		KG	30550	30550		
00105	锡粒		KG	23.5	23.5		
合计							

部门经理：潘山林　　会计：郑灿　　仓库：张新州　　经办人：林卫东

业务 115-6

领 料 单

领料部门：铸造车间
用　途：共同耗用　　2018 年 12 月 05 日　　第 0149131 号

材料			单位	数量		成本	
编号	名称	规格		请领	实发	单价	总价（百十万千百十元角分）
	紫铜		KG	2211.5	2211.5		
	增碳剂		KG	14053	14053		
	孕育剂		KG	7752	7752		
	膨润土		KG	17999	17999		
合计							

部门经理：潘山林　　会计：郑灿　　仓库：张新州　　经办人：林卫东

业务 116-1

制造费用分配表

编制单位：福建客家工业科技有限公司　　2018年12月31日　　金额单位：元

生产车间	产品名称	分配标准（工时）	分配率	分配金额
铸造车间	汽车缸套毛坯	1600		
	汽车轴承支架毛坯	400		
	合计	2000		
机加工车间	汽车缸套	1100		
	汽车轴承支架	900		
	合计	2000		

审核：孙敏　　　　　　　　　　　　　　　　　制表：郑灿

业务 117-1

半成品期末在产品约当产量计算表

产品名称：汽车缸套　　　　2018年12月31日　　　　单位：套

工序	工序名称	定额工时（时）	完工程度	期末在产品数量	在产品约当产量
1	溶解	4			
2	浇筑	2		200	
3	解箱	2		500	
4	抛丸	1		600	
5	打磨	1		700	
合计		10		2000	

审核：孙敏　　　　　　　　　　　　　　　　　制单：郑灿

业务 117-2

半成品期末在产品约当产量计算表

产品名称：汽车轴承支架　　　　2018年12月31日　　　　单位：支

工序	工序名称	定额工时（时）	完工程度	期末在产品数量	在产品约当产量
1	溶解	4			
2	浇筑	2		500	
3	解箱	2		300	
4	抛丸	1		400	
5	打磨	1		300	
合计		10		1500	

审核：孙敏　　　　　　　　　　　　　　　　　制单：郑灿

业务 117-3

半成品成本计算单

产品：汽车缸套毛坯　　　　　　　　2018年12月31日　　　　　　　　单位：元

项目	月初在产品成本	本月发生费用	生产费用合计	期末在产品约当产量	完工产品产量	单位成本	完工产品总成本	期末在产品成本
直接材料	21616.75							
直接人工	4367.94							
制造费用	13402.98							
合计	39387.67							

审核：孙敏　　　　　　　　　　　　　　　　　　　　　　制单：郑灿

业务 117-4

半成品成本计算单

产品：汽车轴承支架毛坯　　　　　　　2018年12月31日　　　　　　　　单位：元

项目	月初在产品成本	本月发生费用	生产费用合计	期末在产品约当产量	完工产品产量	单位成本	完工产品总成本	期末在产品成本
直接材料	4314.02							
直接人工	2027.56							
制造费用	4564.77							
合计	10906.35							

审核：孙敏　　　　　　　　　　　　　　　　　　　　　　制单：郑灿

业务 117-5

入 库 单

2018 年 12 月 08 日　　　　　　　　　　单号 rkud8102

交来单位及部门	铸造车间		发票号码或生产单号码			验收仓库	半成品库		入库日期	2018年12月08日	
编号	名称及规格		单位	数量		实际价格		计划价格		价格差异	
				交库	实收	单价	金额	单价	金额		
b01	汽车缸套毛坯		套	13000	13000						
b02	汽车轴承支架毛坯		支	12000	12000						
	合　　计										

部门经理：潘山林　　　　会计：郑灿　　　　仓库：张新州　　　　经办人：林卫东

业务 117-6

入 库 单

2018 年 12 月 19 日   单号：rkud8103

交来单位及部门	铸造车间	发票号码或生产单号码		验收仓库	半成品库		入库日期	2018年12月19日	
编号	名称及规格	单位	数量 交库	数量 实收	实际价格 单价	实际价格 金额	计划价格 单价	计划价格 金额	价格差异
b01	汽车缸套毛坯	套	11000	11000					
b02	汽车轴承支架毛坯	支	11000	11000					
	合　　计								

部门经理：潘山林　　会计：郑灿　　仓库：张新州　　经办人：林卫东

业务 118-1

出 库 单

出货单位：
福建客家工业科技有限公司　　2018 年 12 月 09 日　　单号：cuky0188

提货单位或领货部门	机加工车间	销售单号		发出仓库	半成品库	出库日期	2018-12-09
编号	名称及规格	单位	数量 应发	数量 实发	单价	金额	
b01	汽车缸套毛坯	套	13000	13000			
b02	汽车轴承支架毛坯	支	12000	12000			
	合　　计						

部门经理：潘山林　　会计：郑灿　　仓库：张新州　　经办人：林卫东

业务 118-2

出 库 单

出货单位：**福建客家工业科技有限公司**   2018 年 12 月 20 日   单号：*cuky0189*

提货单位或领货部门	机加工车间	销售单号		发出仓库	半成品库	出库日期	2018-12-20
编号	名称及规格	单位	数量 应发	数量 实发	单价	金额	
b01	汽车缸套毛坯	套	11000	11000			
b02	汽车轴承支架毛坯	支	11000	11000			
	合　　计						

部门经理：**潘山林**　　会计：**郑灿**　　仓库：**张新州**　　经办人：**林卫东**

业务 119-1

期末在产品约当产量计算表
产品名称：汽车缸套　　　　2018年12月31日　　　　单位：套

工序	工序名称	定额工时（时）	完工程度	期末在产品数量	在产品约当产量
1	车削	2		100	
2	精镗	1		300	
3	铣面	2		300	
4	铣沉头	1		300	
5	检验	1		300	
6	打标	1		300	
7	油漆	2		400	
合计		10		2000	

审核：孙敏　　　　制单：郑灿

业务 119-2

期末在产品约当产量计算表
产品名称：汽车轴承支架　　　　2018年12月31日　　　　单位：支

工序	工序名称	定额工时（时）	完工程度	期末在产品数量	在产品约当产量
1	车削	2		100	
2	精镗	1		100	
3	铣面	2		200	
4	铣沉头	1			
5	检验	1		200	
6	打标	1		300	
7	油漆	2		100	
合计		10		1000	

审核：孙敏　　　　制单：郑灿

实训七 会计档案的整理与归档

业务 119-3

产品成本计算单
2018年12月31日　　　　　　　　　　　　　　　　　　　　　单位：元

产品：汽车缸套

项目	月初在产品成本	本月发生费用（除领用上步骤外）	本月耗用上步骤产品	生产费用合计	期末在产品约当产量	完工产品产量	单位成本	完工产品总成本	期末在产品成本
直接材料	69720.00								
直接人工	4245.80								
制造费用	1706.93								
合计	75672.73								

审核：孙敏　　　　　　　　　　　　　　　　制单：郑灿

业务 119-4

产品成本计算单
2018年12月31日　　　　　　　　　　　　　　　　　　　　　单位：元

产品：汽车轴承支架

项目	月初在产品成本	本月发生费用（除领用上步骤外）	本月耗用上步骤产品	生产费用合计	期末在产品约当产量	完工产品产量	单位成本	完工产品总成本	期末在产品成本
直接材料	14730.00								
直接人工	514.20								
制造费用	2724.37								
合计	17968.57								

审核：孙敏　　　　　　　　　　　　　　　　制单：郑灿

业务 119-5

产品成本汇总表

编制单位：福建客家工业科技有限公司　　　2018年12月31日　　　　　　　　单位：元

项目	汽车缸套	汽车轴承支架	合计
期初在产品成本			
本期生产费用			
本月耗用上步骤产品			
生产费用合计			
期末完工产品成本			
期末在产品成本			

审核：孙敏　　　　　　　　　　　　　　　　制单：郑灿

业务 119-6

入 库 单
2018 年 12 月 14 日

单号 rkud8104

交来单位及部门	机加工车间		发票号码或生产单号码			验收仓库	产成品库			入库日期	2018年12月14日	
编号	名称及规格		单位	数量		实际价格		计划价格		价格差异		
				交库	实收	单价	金额	单价	金额			
01	汽车缸盖		套	14000	14000							
02	汽车轴承支架		支	12000	12000							
	合 计											

部门经理：潘山林　　会计：郑灿　　仓库：张新州　　经办人：林卫东

业务 119-7

入 库 单
2018 年 12 月 23 日

单号 rkud8105

交来单位及部门	机加工车间		发票号码或生产单号码			验收仓库	产成品库			入库日期	2018年12月23日	
编号	名称及规格		单位	数量		实际价格		计划价格		价格差异		
				交库	实收	单价	金额	单价	金额			
01	汽车缸盖		套	12000	12000							
02	汽车轴承支架		支	12000	12000							
	合 计											

部门经理：潘山林　　会计：郑灿　　仓库：张新州　　经办人：林卫东

业务 120-1

销售成本计算表
2018年12月31日

编制单位：福建苾家工业科技有限公司　　　　　　　　　　　　　　　　　　　单位：元

产品	期初结存数量	本期完工产量	本期销售数量	期末结存数量	期初结存成本	完工产品成本	单位成本（加权）	销售产品成本	期末存货成本
汽车缸盖	55000				2403800.00				
汽车轴承支架	58000				672080.00				
合 计					3075880.00				

审核：舛敏　　　　　　　　　　　　　　　　制单：陈小梅

业务 120-2

出 库 单

出货单位：福建客家工业科技有限公司　　　2018 年 12 月 07 日　　　单号：cuky0185

提货单位或领货部门	福建华闽进出口有限公司	销售单号		发出仓库	成品库	出库日期	2018-12-07
编号	名称及规格	单位	数量 应发	数量 实发	单价	金额	
01	汽车缸套	套	5000	5000			
02	汽车轴承支架	支	5000	5000			
	合　　计						

部门经理：谢俊　　会计：陈小梅　　仓库：张新州　　经办人：刘晓亮

业务 120-3

出 库 单

出货单位：福建客家工业科技有限公司　　　2018 年 12 月 07 日　　　单号：cuky0186

提货单位或领货部门	福建科勒有限公司	销售单号		发出仓库	成品库	出库日期	2018-12-07
编号	名称及规格	单位	数量 应发	数量 实发	单价	金额	
01	汽车缸套	套	5000	5000			
02	汽车轴承支架	支	5000	5000			
	合　　计						

部门经理：谢俊　　会计：陈小梅　　仓库：张新州　　经办人：刘晓亮

业务 120-4

出 库 单

出货单位：福建客家工业科技有限公司　　　2018 年 12 月 14 日　　　单号：cuky0187

提货单位或领货部门	辉门（中国）有限公司	销售单号		发出仓库	成品库	出库日期	2018-12-14
编号	名称及规格	单位	数量 应发	数量 实发	单价	金额	
01	汽车缸套	套	4000	4000			
02	汽车轴承支架	支	4000	4000			
	合　　计						

部门经理：谢皖　　会计：陈小梅　　仓库：张新州　　经办人：刘晓亮

业务 120-5

出 库 单

出货单位：福建客家工业科技有限公司　　　2018 年 12 月 17 日　　　单号：cuky0188

提货单位或领货部门	福建永源批发有限公司	销售单号		发出仓库	成品库	出库日期	2018-12-17
编号	名称及规格	单位	数量 应发	数量 实发	单价	金额	
01	汽车缸套	套	8000	8000			
02	汽车轴承支架	支	8000	8000			
	合　　计						

部门经理：谢皖　　会计：陈小梅　　仓库：张新州　　经办人：刘晓亮

实训七 会计档案的整理与归档

业务 120-6

出 库 单

出货单位：
福建客家工业科技有限公司

2018 年 12 月 20 日

单号：*cuky0189*

提货单位或领货部门	上海三都汽车有限公司		销售单号		发出仓库	成品库	出库日期	2018-12-20
编号	名称及规格		单位	数量		单价	金额	
				应发	实发			
01	汽车缸套		套	3000	3000			
02	汽车轴承支架		支	3000	3000			
	合　　计							

部门经理：**谢皖**　　会计：**陈小梅**　　仓库：**张新州**　　经办人：**刘晓亮**

业务 120-7

出 库 单

出货单位：
福建客家工业科技有限公司

2018 年 12 月 20 日

单号：*cuky0190*

提货单位或领货部门	福建科勒有限公司		销售单号		发出仓库	成品库	出库日期	2018-12-20
编号	名称及规格		单位	数量		单价	金额	
				应发	实发			
01	汽车缸套		套	-5000	-5000			
02	汽车轴承支架		支	-5000	-5000			
	合　　计							

部门经理：**谢皖**　　会计：**陈小梅**　　仓库：**张新州**　　经办人：**刘晓亮**

业务 120-8

出 库 单

出货单位：福建客家工业科技有限公司　　2018 年 12 月 28 日　　单号：cuky0191

提货单位或领货部门	湖南中瑞汽车有限公司	销售单号		发出仓库	成品库	出库日期	2018-12-28
编号	名称及规格	单位	数量 应发	数量 实发	单价	金额	
01	汽车缸套	套	8000	8000			会
02	汽车轴承支架	支	8000	8000			计
							联
	合　　计						

部门经理：谢俊　　会计：陈小梅　　仓库：张新州　　经办人：刘晓亮

业务 120-9

出 库 单

出货单位：福建客家工业科技有限公司　　2018 年 12 月 31 日　　单号：cuky0192

提货单位或领货部门	嘉兴湿誉贸易有限公司	销售单号		发出仓库	成品库	出库日期	2018-12-31
编号	名称及规格	单位	数量 应发	数量 实发	单价	金额	
01	汽车缸套	套	5000	5000			会
02	汽车轴承支架	支	5000	5000			计
							联
	合　　计						

部门经理：谢俊　　会计：陈小梅　　仓库：张新州　　经办人：刘晓亮

业务 121-1

存货盘点报告表
2018年12月31日

企业名称：福建客家工业科技有限公司

存货类别	存货名称	计量单位	单价	数量 账存	数量 实存	盈余 数量	盈余 金额	亏短 数量	亏短 金额	盈亏原因
原材料	锡粒	kg	80.00					20	1600.00	

审核人：孙敏　　　监盘人：陈小梅　　　盘点人：张新州

业务 122-1

盘盈盘亏处理报告

　　公司于2018年12月31日对原材料进行盘点清查，发现原材料-锡粒少，不含税价1600.00，系仓库管理人员张新州管理不善造成丢失，由张新州承担赔偿责任。

福建客家工业科技有限公司财务部

2018年12月31日

业务 123-1

库存现金盘点表
2018 年 12 月 31 日   单位：元

票面额	张数	金额	票面额	张数	金额
壹佰元	60	¥6000.00	伍 角		
伍拾元	30	¥1500.00	贰 角		
贰拾元			壹 角	4	¥0.40
拾 元	7	¥70.00	伍 分		
伍 元			贰 分		
贰 元			壹 分		
壹 元	9	¥9.00	合 计		¥7579.40
库存现金日记账账面余额：		¥7379.40			
差额：		¥200.00			
处理意见：					

审批人（签章）：　　监盘人（签章）：陈小梅　　盘点人（签章）：林巧巧

业务 124-1

库存现金盘点表
2018 年 12 月 31 日   单位：元

票面额	张数	金额	票面额	张数	金额
壹佰元	60	¥6000.00	伍 角		
伍拾元	30	¥1500.00	贰 角		
贰拾元			壹 角	4	¥0.40
拾 元	7	¥70.00	伍 分		
伍 元			贰 分		
贰 元			壹 分		
壹 元	9	¥9.00	合 计		¥7579.40
库存现金日记账账面余额：		¥7379.40			
差额：		¥200.00			
处理意见：经核实未查明现金人民币贰佰元整（¥200.00）盘盈原因，经公司决定做营业外收入处理。					

审批人（签章）：孙敏　　监盘人（签章）：陈小梅　　盘点人（签章）：林巧巧

业务 126-1

坏账损失计算表

2018年12月31日　　　　　　　　　　　　　　　　　　　金额单位：元

公司名称	应收账款	账龄	比例	估计坏账损失额	坏账准备期初账户余额（贷）	本期转回（贷）
辉门（中国）有限公司	234555.40	逾期60天	5%			
嘉兴渥善贸易有限公司	325000.00	逾期120天	5%			
湖北威斯卡特汽车有限公司	297787.50	逾期480天	20%			
合　计	2538900.00				3519.63	

审核：孙敏　　　　　　　　　　　　　　　　　　　　　　　制单：陈小梅

业务 128-1

未交增值税计算表

2018年12月31日　　　　　　　　　　　　　　　　　　　金额单位：元

项目	进项税额	销项税额	简易计税	进项税额转出	本月未交增值税
增值税					
合　计					

审核：孙敏　　　　　　　　　　　　　　　　　　　　　　　制单：陈小梅

业务 129-1

应交城市维护建设税与教育费附加计算表

2018年12月31日　　　　　　　　　　　　　　　　　　　金额单位：元

税种	计税金额	税率	应纳税额
城市维护建设税		7%	
教育费附加		3%	
地方教育附加		2%	

审核：孙敏　　　　　　　　　　　　　　　　　　　　　　　制单：陈小梅

实训七 会计档案的整理与归档

业务 130-1

应交财产税计算表

编制单位：福建客家工业科技有限公司　　2018年12月31日　　　　　　金额单位：元

税种	应纳税额计算								
房产税	征收方式	从价计征				从租计征			应纳房产税税额合计
	项目	房产原值	房产余值	税率	应纳税额	租金收入	税率	应纳税额	
	金额	11714000.00							
车船税	税目			计税单位	单位税额	数量		税额	应纳车船税税额合计
	乘用车	1.0升（含）以下		辆					
		1.0升以上1.6升（含）		辆					
土地使用税	应税面积（平方米）				税率（元/平方米）				应纳土地使用税税额
应交财产税总额									

审核：张云曦　　　　　　　　　　　　　　　　　　　　　　　　制单：苏丽敏

业务 130-2

企业车辆情况表

编制单位：福建客家工业科技有限公司　　2018年12月31日　　　　　　单位：元

税目	计量单位	单位税额	数量
乘用车【1.0升以下（含）】	辆	300.00	2
乘用车【1.0升以上1.6升（含）】	辆	420.00	2

审核：孙敏　　　　　　　　　　　　　　　　　　　　　　　　制单：陈小梅

业务 130-3

企业房产相关信息

公司年初拥有的自用的房产原值8690000.00元，房屋建筑面积1120平方米，本年1-11月无增减变动，房产余值扣除比例为30%；本年初购入房产作为投资性房地产，出租房产1-12月取得租金收入总额为103200.00元，房产建筑面积为125平方米；地产原值为3483000.00元，土地使用面积2580平方米，地价1350.00元/平方米，土地使用税4.00元/平方米。

业务 131-1

收 款 收 据　　NO.00490021

2018年12月31日

今 收 到 张新州

交 来：本月库存盘点损失赔偿款

现金收讫

金额（大写）　零佰　零拾　零万　壹仟　捌佰　零拾　零元　零角　零分

¥ 1808.00　☑现金　□支票　□信用卡　□其他

收款单位（盖章）

核准 孙敏　　会计 陈小梅　　记账　　出纳 林巧巧　　经手人 张新州

业务 135-1

应交所得税计算表

编制单位：福建客家工业科技有限公司　　2018 年度　　　　　　　金额单位：元

项　目	账面价值	计税基础	可抵扣暂时性差异		应纳税暂时性差异		纳税调整增减额
			期初余额	期末余额	期初余额	期末余额	
捐赠支出							
业务招待费							
长期应收款							
研发支出							
库存商品							
固定资产(1#楼)			988 158.24				
长期应付款					461 818.80		
交易性金融资产							
应收账款			3 519.63				
投资性房地产							
合计			1 013 334.24		461 818.80		
年度利润总额	应纳税所得额	应交所得税	递延所得税资产			递延所得税负债		
			期初数	期末数	本期数	期初数	期末数	本期数
			253 333.56			115 454.70		
其他综合收益			所得税费用					

审核：孙敏　　　　　　　　　　　　　　　　　　　　　　　　　制单：陈小梅

业务 135-2

所得税相关事项

除下列说明及12月业务外,本年无其他所得税纳税调整事项:

1. 本年度1-11月业务招待费支出为165000.00元;

2. 本年度1-11月营业外支出312500.00元,其中直接捐赠给山区学校20000.00元;

3. 本年度1-11月研发支出合计500000.00

4. 截至2018年11月30日,资产负债表上应收账款余额为5401880.37元(资产负债表上的往来重分类11月和12月保持一致);

5. 本年度1-11月营业收入总额为29831200.00元;本年度1-11月的利润总额为7804090.51元。

业务 138-1

盈余公积计提表

2018年12月31日　　　　　　　　　　　　　　　　　　　　单位:元

项目	金额
计提基数	
提取法定盈余公积(10%)	

审核:孙敏　　　　　　　　　　　　　　　　　　制单:陈小梅

参 考 文 献

[1] 任延冬，郎东梅. 新编会计综合实训[M]. 大连：大连理工大学出版社，2015.
[2] 甄立敏，张亚兵. 会计综合实训[M]. 2版. 北京：人民邮电出版社，2015.
[3] 周开弟，周秋华. 会计综合实训教程[M]. 2版. 上海：立信会计出版社，2017.
[4] 沈应仙，吴勋耕. 小企业会计综合实训[M]. 北京：中国人民大学出版社，2017.
[5] 李艳，盛洁. 企业会计综合实训[M]. 2版. 北京：首都经济贸易大学出版社，2016.
[6] 孙一玲. 企业会计综合实训[M]. 3版. 上海：立信会计出版社，2016.
[7] 刘丽娜. 会计综合模拟实训教程[M]. 北京：中国财政经济出版社，2017.
[8] 李勇. 会计综合实训[M]. 北京：清华大学出版社，2018.
[9] 刘雪清. 企业会计模拟实训教程[M]. 大连：东北财经大学出版社，2016.
[10] 阳正发. 会计综合实训[M]. 成都：西南财经大学出版社，2017.
[11] 王维维，杨柳. 会计综合实训[M]. 北京：中国人民大学出版社，2018.
[12] 吴雪茹，刘思诸. 会计电算化 U8 实训指导手册[M]. 北京：国家行政学院出版社，2017.
[13] 厦门网中网软件有限公司会计账套系统部分原始凭证